KB082426

FUN & LEARN 02

미래를 준비하는 10대에게

FUN&LEARN 시리즈는 호암재단의 청소년을 위한 지식 공유 페스티벌 강연집입니다. 매년 여름과 겨울, 각각 진행된 강연을 구성한 책으로 각 분야 전문가들의 강연을 만날 수 있습니다.

FUN & LEARN 02

미래를 준비하는 10대에게

나의 내일은 오늘의 내가 만든다

강봉균 · 김범준 · 김도연 · 박남규 · 박형주
양정무 · 유석재 · 장석복 · 정덕균

김영사

여러분이 꿈꾸는 미래는 어떤 모습인가요

우리 청소년들이 미래에 마주하게 될 세상은 어떤 세상일까요? 천진난만한 꿈을 꾸었던 어린이 시기를 지나고 나면 청소년들은 미래의 나는 어떤 모습을 하고 있을지 본인의 장래를 위한 실재적인 진로를 고민하게 됩니다.

호암재단에서는 매년 여름과 겨울, 방학을 즈음해서 전국의 청소년을 위한 강연회 '펀앤런, 토크 페스티벌'을 개최해 오고 있습니다. 이 페스티벌의 주제는 최신 과학 기술, 인문과 예술 등에 관한 것입니다. 그런데 왜 강연회가 아니고 페스티벌일까요? 저희는 이 자리가 청소년 여러분의 놀이마당, 즉 페스티벌이기를 바랐습니다. 학교와 학원에서 끊임없이 경쟁하며 살아가는 청소년 여러분들에게 미래를 꿈꾸는 것이 재미있고 즐거운 시간이 될 수 있는 그런 기회를 마련해 주고 싶었습니다. 그렇게 '펀앤런, 토크 페스티벌'이 시작되었습니다.

미래를 상상하면 즐겁기도 하지만 막막하기도 할 것입니다. 나의 미래가 어떻게 펼쳐질지 알 수 없으니까요. 그러면 막막한 미래에 대한 불안을 잠재우고 이끌어 줄 누군가가 필요하지 않을까. 자신의 미래를 개척하고, 노력해서 꿈을 이룬 분들을 모셔 이야기를 들어 보는 것은 어떨까. 청소년들이 닮고 싶은 사람, 되고 싶은 사람의 이야기를 통해 청소년들은 새로운 진로를 모색할 수도 있고, 꿈에 한발 더 다가가는 계기도 될 수 있지 않을까. 단순히 사회적 성공을 이룬 분들의 성공담만이 아닌, 이끌어 주고, 용기와 격려를 주는 자리가 되면 좋겠다는 생각을 했습니다. 그래서 강연회이지만 모두가 재미있게 즐기는 페스티벌을 치러 보면 얼마나 좋을까 하고 생각했습니다.

이러한 취지로 실시한 '펀앤런, 토크 페스티벌'이 3년째로 접어들면서 지금은 많은 청소년들이 진정으로 즐기는 페스티벌이 되어 가고 있음을 느낍니다. 저희는 이 페스티벌이 그냥 끝나 버리는 것이 너무 아쉬워서 강연 내용을 담은 책을 만들게 되었습니다. 참석한 청소년은 물론 오지 못한 분들까지 책으로나마 초대하고 싶었습니다. 이 마음을 모아 작년에 처음으로 1권 《청소년을 위한 미래 교과서》를 출간했고, 올해는 2권 《미래를 준비하는 10대에게》를 출간하게 되었습니다.

대한민국의 미래이자 무한한 잠재력을 가지고 있는 우리 청소년들이 이 책을 읽고, 자신의 진로 설계는 물론 꿈과 희망을 크게 키워 나가는 데 조금이라도 도움이 되면 좋겠습니다.

《미래를 준비하는 10대에게》 출간에 기꺼이 참여하신 아홉 분의 강연자 분들께 진심으로 감사 드리며, 앞으로도 호암재단은 대한민국 모든 청소년의 밝은 미래를 위해 항상 응원하겠습니다.

감사합니다.

2023년 7월

호암재단 이사장 김황식

차 례

FUN&LEARN

FUN&LEARN

FUN&LEARN

기억과 나

- 강봉균 -

"과거의 나와 현재의 나는 같은 사람일까?
뇌가 가진 중요한 특징 가운데 하나가
기억하는 능력이다.
뇌의 학습과 기억의 결과물이 바로
현재의 나이다."

PROFILE_강봉균

서울대학교 생명과학부 교수이다. 서울대학교를 졸업하고, 미국 컬럼비아대학교에서 박사 학위를 받았다. 한국과학기술원 연구원, 미국 컬럼비아대학교 신경생물학 및 행동연구소 박사후 연구원을 거쳤다. 국제 학술지 〈몰레큘러 브레인(Molecular Brain)〉 편집장을 맡고 있다. 서울대학교 자연과학대학 연구대상(2007), 과학기술부 우수과학자상(2007), 한국분자·세포생물학회 학술상 생명과학상(2008), 서울대학교 우수연구상(2011), 생화학분자생물학회 동헌생화학상(2012), 대한민국최고과학기술인상(2018), 삼성호암상(2021)을 수상했다. 2012년에는 '국가과학자'로 선정됐다. 저서로는 《인간과 우주에 대해 아주 조금밖에 모르는 것들》(공저) 《뇌약구체》(공저) 등이 있으며, 역서로는 《시냅스와 자아》 《신경과학》(공역) 《신경과학의 원리》(공역) 등이 있다. 《내가 처음 뇌를 열었을 때》를 함께 감수했다.

서술 기억 저장 공간, 해마

안녕하세요. 서울대학교 생명과학부 강봉균 교수입니다. 여러분의 풋풋하고 초롱초롱한 눈망울을 보니까, 옛날 제 학생 시절이 기억나네요. 그런데 여러분, 옛날의 저와 현재의 저는 같은 존재일까요, 다른 존재일까요? 옛날 강봉균과 현재 강봉균은 같은 사람일까요, 다른 사람일까요?

이 문제가 오늘 제가 여러분과 함께 이야기할 주제입니다. 아마 '같다'고 대답하는 사람도 있을 테고, '다르다'고 대답하는 사람도 있을 것 같아요. 생각하는 기준에 따라서 같을 수도 있고 다를 수도 있겠죠. 저는 앞서 소개했듯이 생명과학을 연구하는데요, 그중에서도 뇌 과학 분야를 주로 다루고 있어요. 그래서 뇌 과학이 밝혀낸 사실을 기준으로 과거의 나와 현재의 나는 같은 사람일지 다른 사람일지 한번 답해 보려고 해요.

인간의 뇌에 대해 알아 가는 첫 단계로, 여러분에게 해마를 소개할게요. 뇌가 가진 중요한 특징 가운데 하나가 기억하는 능력입니다. 우리 뇌가 오래 저장하는 기억은 크게 '서술 기억'과 '비서술 기억'으로 나눌 수 있어요.

먼저, 비서술 기억은 무의식적으로 몸에 밴 여러 가지 습관이나 기술, 동작 등을 말해요. 예를 들어 악기를 연주한다거나, 음식을 요리한다거나, 무서운 동물을 보면 몸을 움츠린다거나 하는 게 비서술 기억에 포함되지요.

다음으로, 서술 기억이란 우리가 어떤 상황이나 정보에 대해 학습하거나 의식적으로 머릿속에 새긴 기억을 말해요. 새로운 사실을 학

서술 기억과 비서술 기억

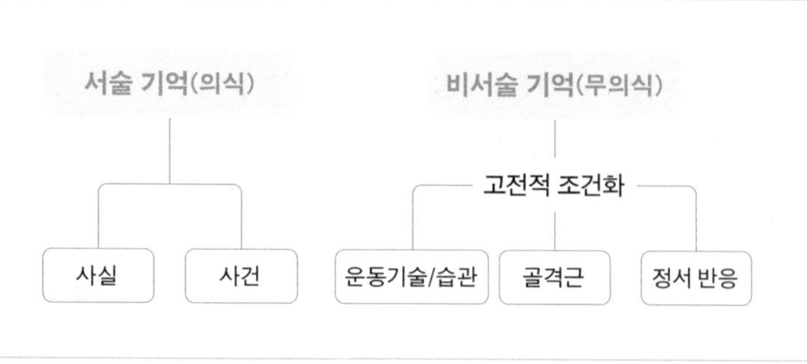

습하는 과정은 모두 의식적인 행위를 통해 뇌에 저장되기 때문에 서술 기억으로 분류됩니다.

이 서술 기억을 저장하는 기관이 바로 해마입니다. 해마는 대뇌의 양쪽 관자놀이 부분에 위치한 측두엽의 안쪽에 자리 잡고 있습니다. 해마의 위치와 생김새를 제대로 보려면 뇌를 밑에서 올려다보아야 합니다. 이 해마를 떼어내 보면 바다 생물 해마와 모습이 아주 비슷해요. 그래서 이름도 '해마'라고 붙여졌어요.

인간은 해마가 없으면 서술 기억을 할 수 없습니다. 예를 들어서, 여러분이 아무리 영어 단어를 외우고 공부해도 해마가 없으면 금세 잊어버려요. 우리가 새로운 정보를 저장하지 못하면 어떻게 될지 한번 상상해 보세요. 과거의 경험에서 배운 지식과 지혜는 사라지고, 오로지 눈앞의 짧은 순간에 갇혀 살아갈 거예요. 인류는 고도로 발달한 문명을 이루지 못했을뿐더러 어쩌면 생존 자체가 불가능했을 겁니다.

그런데 해마 조직이 서술 기억을 저장하는 공간이라는 사실을 어떻게 알게 되었을까요? 미국인 헨리 몰래슨은 어릴 적에 자전거 사

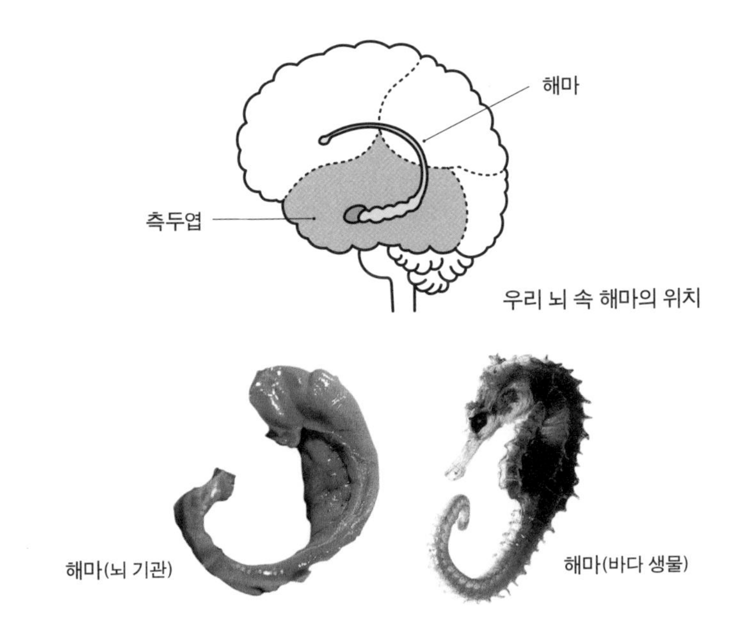

뇌 기관 해마는 바다 생물 해마와 모습이 닮아 '해마'라는 이름을 붙였다.

고로 머리를 다친 후 심각한 간질 발작, 즉 뇌전증에 시달렸어요. 그래서 1953년에 뇌전증을 고치려고 측두엽 일부분을 잘라 내는 수술을 했어요. 사실 그 당시만 해도 의학계는 뇌의 구조와 기능에 대해 제대로 알지 못했고, 또 수술 방법도 발달하지 못했어요. 그러다 보니 수술 과정에서 해마도 일부 절개되었지요.

수술 후에 헨리 몰래슨은 어떻게 되었을까요? 다행히 일상생활을 할 수 있을 만큼 발작 증상이 거의 사라졌어요. 성격이나 지능도 그대로였고요. 그 대신 아주 희한한 일이 벌어졌답니다. 새로운 사실을 배우거나 듣거나 경험하고서도 몇 시간 지나지 않아 전혀 기억하지 못하는 거예요. 또 하나 놀라운 점은, 수술받기 전의 옛 기억은 막힘없이 회상해 냈다는 사실이에요.

또 다른 사례를 볼까요? 영국인 음악가 클라이브 웨어링은 1985년에 뇌염에 걸려서 해마를 비롯한 대뇌피질 일부가 바이러스에 감염되었어요. 그 뒤로 클라이브 웨어링은 어떤 새로운 정보도 기억하지 못했어요. 기억 상실증에 걸린 거죠. 하지만 그는 바이러스에 감염되기 전에 익혔던 피아노만큼은 잊지 않고 능숙하게 연주했답니다.

이 밖에도 많은 사례를 통해 과학자들은 해마가 서술 기억 저장과 관련된 뇌 조직이라는 사실을 알아냈습니다. 어때요, 해마의 기능이 신기하고도 놀랍지 않나요? 그렇다면 뇌의 다른 기관들은 각각 어떤 역할을 담당하고, 또 어떤 방식으로 연결되어 상호작용할까요? 이제 뇌의 다른 영역에 대해서 좀 더 자세히 들여다보겠습니다.

뇌의 기관별 기본 역할

그전에 제가 강조하고 싶은 사실이 하나 있어요. 뇌는 기본적으로 전기 기관이자 화학 기관이라는 사실입니다. 전기 기관이란, 말 그대로 우리 뇌에서 전기가 만들어진다는 뜻입니다. 우리가 어떤 생각을 하고, 사물을 보고, 소리를 들을 때마다 우리 뇌는 전기를 만들어서 신호를 주고받습니다. 반대로, 만약 뇌에 일정한 전기 작용을 인위적으로 일으키면 뇌는 어떻게 반응할까요? 놀랍게도 어느 뇌 부위를 자극하느냐에 따라 특정한 장면을 떠올리거나 특정한 소리를 듣거나 특정한 냄새를 맡은 것처럼 반응합니다.

뇌는 화학 기관이기도 합니다. 우리가 보고, 듣고, 냄새 맡고, 맛보고, 생각할 때마다 뇌에서는 신경 전달 물질이라는 화학 물질이 분비됩니다. 그렇기 때문에 뇌는 외부로부터 유입된 화학 물질에 반응하고 영향을 받기도 합니다. 예를 들어, 카페인·알코올·니코틴 같은 화학 물질은 마치 집중력을 높이거나 기분을 들뜨게 하거나 불안함을 사라지게 하는 듯한 교란 작용을 일으킵니다. 물론 이런 교란 작용은 장기적으로는 뇌의 자체 기능을 오히려 떨어뜨리는 안 좋은 영향을 끼칩니다.

이런 기본적인 사실을 바탕으로 우리 뇌를 좀 더 알아보도록 하겠습니다. 먼저 우리 뇌가 어떻게 구성되는지 잠깐 보겠습니다. 앞서 잠깐 언급한 측두엽은 청각 기능과 언어 기능을 담당합니다. 뇌의 가장 뒷부분에 자리한 후두엽은 시각 정보를 처리해요. 그다음

뇌의 기본 구조

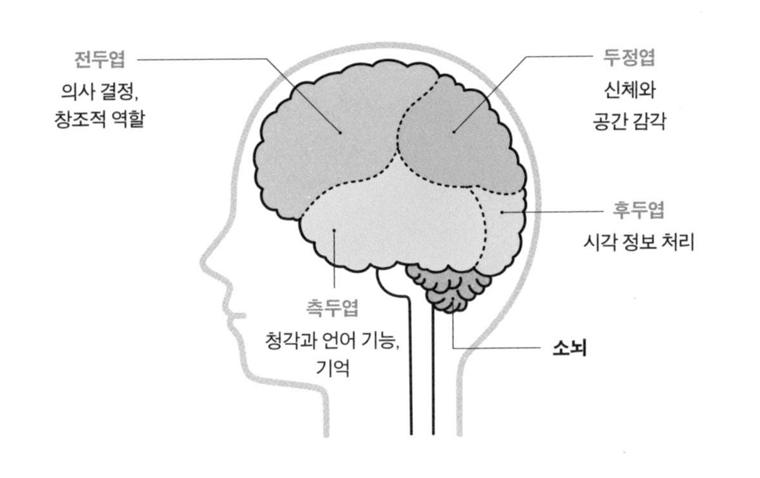

에 두정엽은 신체와 공간 감각을 담당하는 영역입니다. 그리고 뇌의 맨 앞부분에 있는 전두엽은 모든 감각이 종합돼서 의사 결정을 하고 생각하고 새로운 아이디어를 만들어 내는 창조적인 역할을 담당합니다. 그래서 전두엽은 특히 인간을 인간답게 만드는 아주 중요한 대뇌피질 영역입니다.

뉴런의 활동전위

뇌 속으로 좀 더 들어가 볼까요? 뇌를 절개해서 단면을 보자면, 가장 겉 부분이 누런색의 회질 또는 대뇌피질입니다. 이 회질에는 무수히 많은 신경세포가 들어 있습니다. 우리 뇌를 컴퓨터에 비유해 보면, 컴퓨터의 CPU(중앙처리장치) 같은 역할을 합니다. 정보를 기억하고 해석하고 연산을 실행하는 핵심 장치가 이 회질에 들어 있습니다. 그리고 가운데 부분은 하얗게 빛나는 물질로 이루어져서 '백질'이라고 합니다. 백질은 회질에서 실행된 내용을 실어 나르는 역할을 합니다. 말하자면 광케이블에 비유할 수 있겠죠.

회질을 확대해서 자세히 들여다보면 무수히 많은 신경세포, 즉 뉴런이 빽빽하게 들어차 있어요. 그래서 누렇게 보입니다. 수없이 많은 뉴런이 저마다 가지를 뻗어 서로 연결되어 있답니다. 신경세포에 전극을 꽂아 보면 마치 맥박이 뛰는 것처럼 아주 빠르게 전기 신호를 내보내는 것을 확인할 수 있어요. 신경세포가 내보내는 이 전기 신호를 활동전위(스파이크)라고 해요. 뉴런은 스파이크로 자신만의 언어를 만들어서 내보내고, 수많은 뉴런의 스파이크가 모여 합

뇌 단면도

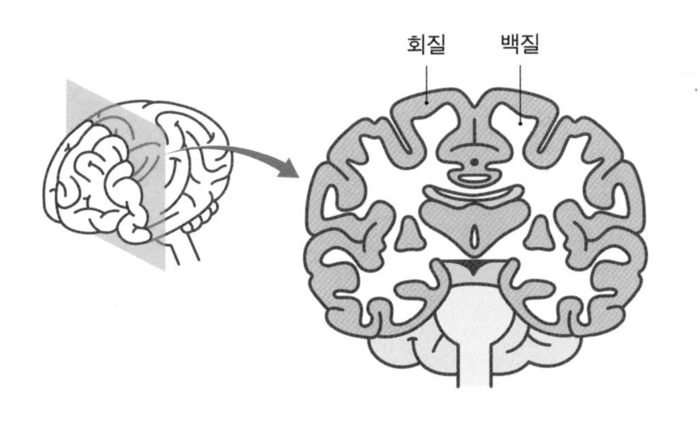

창을 이루면 우리 뇌는 특정한 생각을 하고 운동 명령을 내리고 어떤 감각을 느끼게 됩니다. 이처럼 뉴런은 뇌 활동을 위한 기본 세포입니다.

뉴런이 어떻게 활동전위를 일으키는지 실제로 연구된 사례를 소개할게요. 피실험자의 머리에 뇌파를 측정하는 기구를 연결한 다음, 먼저 피실험자가 좋아하는 배우의 사진을 여러 장 보여 주었어요. 그랬더니 해마 부분에서 뉴런이 활발하게 스파이크를 일으키는 현상이 관측되었습니다. 피실험자의 해마 기관에서 이 배우에 대한 기억이 활성화되면서 신경세포의 활성도가 증가한 것이죠.

그다음에 피실험자가 잘 모르는 배우의 사진을 보여 주었습니다. 그랬더니 해마의 신경세포가 별다른 활동전위를 일으키지 않았어요. 피실험자에게 사물 사진을 보여 줘도 해마의 뉴런은 마찬가지로 별 반응을 보이지 않았어요. 이 실험을 통해서도 해마가 우리 뇌

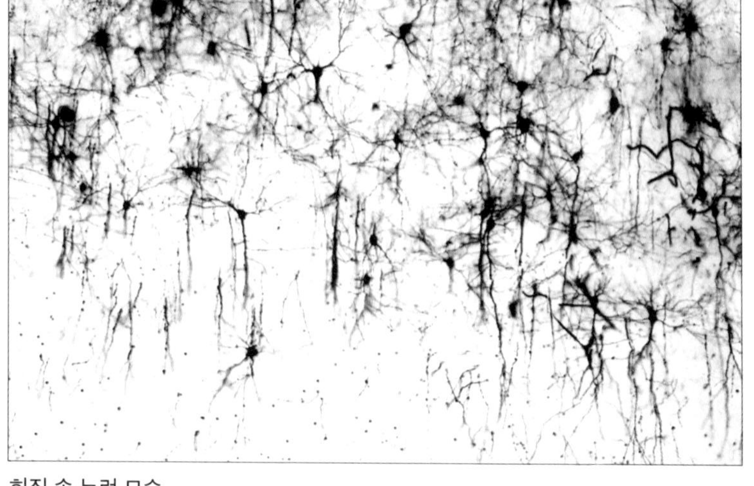

회질 속 뉴런 모습

에서 기억을 저장하는 기관이라는 사실을 확인할 수 있었습니다. 만약 피실험자에게 좋아하는 배우의 사진을 보여 주지 않는 상태에서 신경세포를 일정한 전기 신호로 자극하면 어떤 현상이 벌어질까요? 피실험자의 뇌가 좋아하는 배우와 관련된 정보를 다시 활성화할 수도 있습니다.

신경네트워크의 전기 신호

앞서 잠깐 이야기했듯이, 신경세포는 혼자 작동하지 않아요. 각각의 신경세포는 저마다 여러 방향으로 수많은 가지(수상돌기)를 뻗어 촘촘하게 연결되어 서로 의사소통하고 있습니다. 만약 이 의사소통이 없다면 뇌는 제대로 활동하지 못합니다. 그러니까 뉴런과 뉴런이 의사소통할 때 비로소 뇌 기능이 이루어진다는 뜻입니다. 이처럼 뉴런과 뉴런이 연결되어 작동하는 상태를 신경네트워크(신경회로)라고 합니다.

신경네트워크 개념도를 간단하게 나타낸 아래 그림을 살펴보겠습니다. 여기 세 개의 뉴런이 있어요. 이들 뉴런은 서로 연결된 상태입니다. 뉴런은 크게 나누어 세포핵이 있는 세포체, 정보를 받아들이는 수상돌기, 정보를 내보내는 축삭돌기로 이루어져 있어요. 이처럼 세 개의 뉴런이 신경네트워크를 구축한 상태에서 1번 뉴런의 수상돌기에서 정보를 받아들이면 어떤 현상이 일어날까요? 1번 뉴런은 활성화되어 활동전위를 일으킵니다. 그러고는 신경섬유인 축삭돌기를 따라서 전기가 2번 뉴런으로 흐르게 됩니다. 그러면 2번 뉴런도 마찬가지 과정을 거쳐 3번 뉴런으로 전기 신호를 전달합니

신경네트워크 개념도

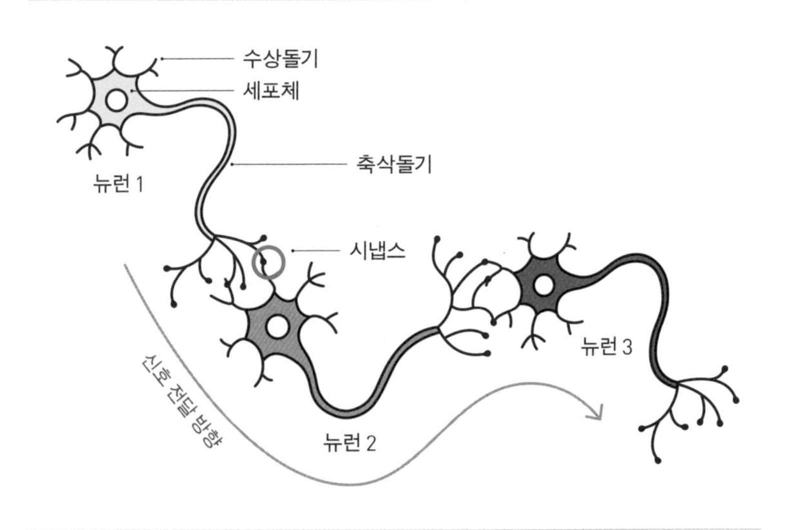

다. 이처럼 신경네트워크는 전기 신호가 한 방향으로만 움직입니다. 즉, 1번 뉴런 → 2번 뉴런 → 3번 뉴런 순서로만 신호가 작동합니다.

이게 뇌가 작동하는 원리입니다. 여러분도 아마 경험해 봤을 텐데요. 머리가 유난히 잘 돌아가는 때도 있고, 반대로 왠지 머릿속이 흐릿하고 멍해지는 때도 있죠? 활동전위가 신경세포와 신경세포 사이에서 활발하고 매끄럽게 일어날 때는 머리가 잘 돌아갑니다. 신경회로가 잘 작동하는 상태인 거죠. 물론 신경네트워크가 잘 작동되지 않을 때는 반대 현상이 일어나고요.

시냅스의 작동 원리

자, 이쯤에서 신경네트워크 개념도를 다시 한번 꼼꼼히 봐 주세요. 뉴런과 뉴런이 연결되는 지점이 있죠? 1번 뉴런의 축삭돌기와 2번 뉴런의 수상돌기가 만나는 접점, 2번 뉴런의 축삭돌기와 3번 뉴런의 수상돌기가 만나는 접점, 이 접점을 '시냅스'라고 해요.

시냅스 부분을 확대해 볼까요? 두 뉴런의 돌기 끄트머리는 만나는 접점에서 뭉툭하게 약간 부풀어 오른 듯한 모양입니다. 컴퓨터에 비유하자면, 시냅스는 우리 뇌에서 반도체 같은 역할을 합니다. 반도체는 어떤 조건에 따라 전기를 통하게도 하고 안 통하게도 하는 물질이잖아요. 시냅스도 마찬가지입니다. 시냅스는 크게 세 가지 부분으로 이루어져요. 신호를 보내는 축삭돌기 끝부분을 '시냅스전 발단', 신호를 받는 수상돌기 끝부분을 '시냅스후 가시', 돌기

시냅스 개념도

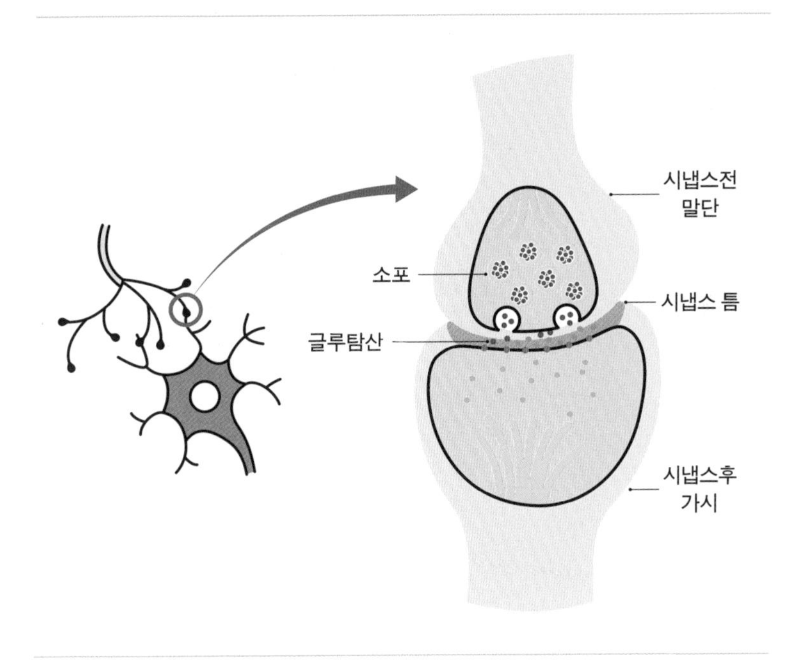

와 돌기의 틈 사이를 '시냅스 틈'이라고 합니다.

시냅스전 말단에는 무엇이 있을까요? 비눗방울처럼 자그마한 방울들, 즉 '소포'가 있는데, 각각의 소포에는 신경 전달 물질이 가득 들어 있습니다. 신경 전달 물질을 크게 구분하면 흥분성 신경 전달 물질과 억제성 신경 전달 물질로 나눌 수 있어요. 대표적인 흥분성 신경 전달 물질은 아미노산의 일종인 글루탐산이에요. 시냅스전 말단에 전기가 도착하면, 시냅스 소포에서 이 글루탐산이 분비됩니다. 분비된 글루탐산은 시냅스후 가시의 신경 전달 물질 수용체와 결합합니다. 글루탐산의 화학 신호에 자극받은 수용체는 전지처럼 작동합니다. 평소에 닫혀 있던 수용체가 열리면서 주위의 양이온을 받아들이는 거죠. 양이온이 시냅스후 가시로 들어오면 전기가 발생합니다.

다시 정리해 볼까요? 활동전위가 발생하면서 시냅스전 말단에 전기가 도착하면 소포가 열리면서 신경 전달 물질인 글루탐산이 분비됩니다. 이 글루탐산은 시냅스후 가시의 수용체에 화학 작용을 일으킵니다. 이 과정에서 수용체가 활성화되면서 양이온을 받아들이고, 그러면 시냅스후 가시에는 다시 전기가 만들어집니다. 이처럼 우리 뇌의 신경네트워크는 '전기 신호 – 화학 신호 – 전기 신호'를 아주 빠르게 반복해서 만들어 냅니다. 이 과정을 통해서 정보가 전달되고, 그 결과물이 바로 뇌 활동입니다. 앞서 뇌는 전기 기관이자 화학 기관이라고 했던 이유가 바로 이 때문입니다.

조금 다른 이야기지만, 글루탐산은 아미노산의 한 종류이고 단백질의 구성 요소이기도 합니다. 따라서 식물성·동물성 단백질 음식에는 글루탐산이 들어 있어요. 과학자들은 글루탐산을 연구하다가 이 아미노산이 감칠맛을 낸다는 사실을 발견했어요. 덕분에 글루탐산을 주요 성분으로 한 인공 조미료가 탄생했답니다. 감칠맛을 내는 글루탐산이 뇌의 신경 전달 물질로도 작용한다는 사실이 놀랍지 않나요? 앞으로는 무언가를 생각할 때, 보고 듣고 맛보고 느낄 때, 행동할 때마다 우리 뇌에서 글루탐산이 흘러 다니는 모습을 연상해 보는 것도 재미있을 것 같아요.

시냅스와 관련해서 한 가지만 더 짚고 넘어갈게요. 수용체의 한 종류로 NMDA(N-메틸-D 아스파르트산염) 수용체가 있어요. NMDA 수용체가 활성화돼서 열리면 칼슘 이온(Ca^{2+})이 시냅스후 가시 안으로 들어올 수 있습니다. 칼슘 이온이 들어오면 여러 가지 신호 전달 과정을 거쳐서 시냅스후 가시가 점점 커집니다. 이처럼 시냅스가 커지면 정보를 더욱 빠르고 효율적으로 받아들이고 처리할 수 있어요. 하나의 뉴런에서 다른 뉴런으로 신호가 더 빨리, 더 강하게 전달되는 현상이 생겨나는 거죠. 이 시냅스 가소성이라 불리는 현상은 아주 중요합니다. 우리가 다양한 정보를 학습해서 기억하는 과정과 밀접하게 연관되어 있기 때문입니다.

커지고 줄어드는 시냅스

이제까지 뉴런이 이떻게 신호를 주고받는지 살펴보았어요. 앞의 신경네트워크 개념도를 보면 1번 뉴런의 축삭돌기와 2번 뉴런의 수상돌기가 각각 몇 개씩으로 간단하게 그려져 있잖아요. 그런데 실제로는 뉴런 하나에는 수많은 수상돌기가 있어 보통 수천, 수만 개의 다른 뉴런들과 시냅스를 이루고 있습니다.

우리 뇌에는 신경세포가 1000억 개쯤 있어요. 그러면 시냅스의 수는 얼마쯤 될까요? 대략 계산해 봐도 100조에서 1000조에 이릅니다. 이처럼 뉴런은 서로 엄청난 경우의 수로 결합해서 복잡한 정보를 빠르게 처리하고, 갖가지 놀라운 능력을 보여 줍니다. 우리 뇌를 '작은 우주'라고 부르는 이유도 여기에 있습니다.

뒤쪽의 그림은 뉴런을 실제 모습과 가깝게 나타낸 그림입니다. 가운데에 세포체가 있고, 그 주변으로 수상돌기가 뻗어 나간 모습이에요. 수상돌기에는 수많은 시냅스 가시가 존재해요. 그림 옆 오른쪽 사진은 실제 시냅스 가시의 모습입니다. 시냅스 가시는 가만히

고정된 상태가 아닙니다. 끊임없이 새롭게 생겨나서 커졌다가 작아지거나 사라지기도 합니다. 시냅스의 이런 역동적인 능력을 앞서 잠시 언급했지만 '시냅스 가소성'이라고 합니다. 새로운 정보에 반응할 때, 행동을 명령할 때, 기억을 저장할 때마다 그와 관련된 시냅스 가시는 부피가 커집니다. 반대로 뇌가 어떤 활동을 멈출 때나 기억이 사라지는 과정에서는 그와 관련된 시냅스 가시는 부피가 줄어들거나 사라집니다.

뉴런과 실제 시냅스 가시 확대

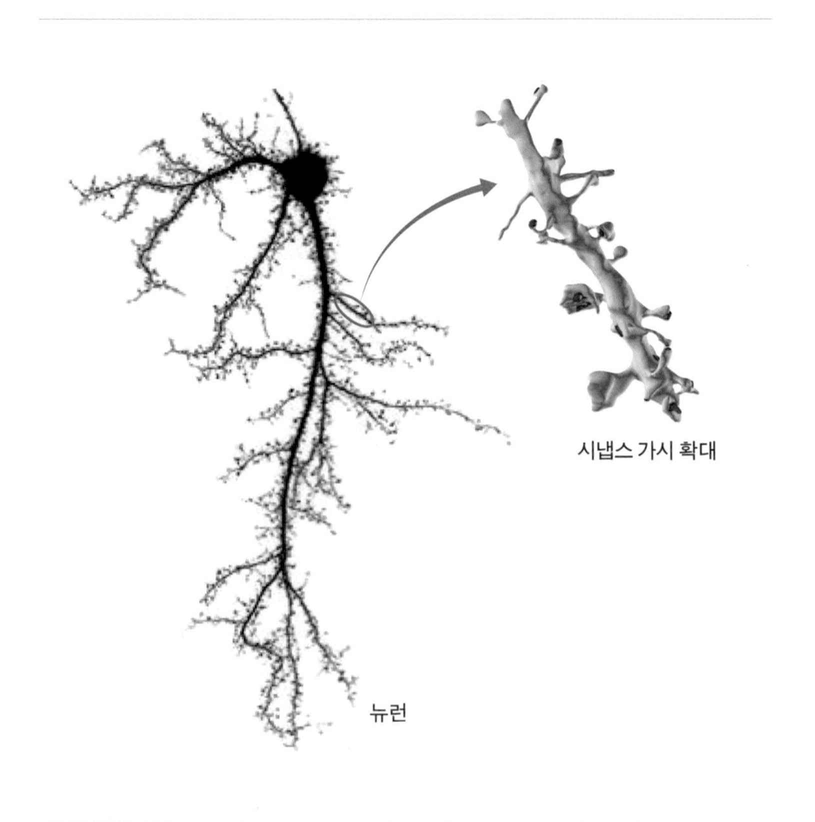

이렇게 시냅스가 역동적으로 생성되고 수축하고 소멸되기 때문에 우리 뇌는 어떤 정보는 기억하고 또 어떤 정보는 잊어버립니다. 뇌 활동에서는 기억하는 것만큼이나 잊어버리는 것도 아주 중요합니다. 우리가 보고 듣고 느끼고 학습하는 모든 정보를 뇌가 기억한다면, 아마도 우리는 너무 복잡하고 혼란스러워서 견디지 못할 거예요. 시냅스 가소성은 스페인 신경과학자 라몬 이 카할, 캐나다 심리학자 도널드 헤브 같은 과학자들이 20세기 초중반에 가설로 제시했어요. 한동안 가설로만 존재하던 시냅스 가소성 이론은 최근에 분자생물학과 세포생물학이 발달하면서 실제로 증명되었어요.

우리 연구실에서 나온 데이터를 하나 보여 드릴게요. 우리 연구실에서는 생쥐를 대상으로 실험했는데요. 생쥐도 사람의 뇌처럼 해마 기관이 있고, 그 안에 신경세포가 존재합니다. 물론 신경세포의 모양과 정보를 주고받는 신호 방식도 사람과 같습니다.

먼저, 생쥐를 특정한 공간에 적응하도록 오랫동안 놓아두었습니다. 그러고는 생쥐가 이 공간에 있을 때 생쥐 해마에서 어떤 현상이 일어나는지 살펴보았어요. 뒤쪽의 위 사진은 생쥐 해마 속 신경세포의 수상돌기를 현미경으로 확대한 모습입니다. 우리 연구소는 생쥐의 시냅스를 염색하는 기술을 개발했어요. 이 기술을 통해서 염색된 시냅스만 따로 분리해서 볼까요? 뒤쪽의 아래 사진 속 파란 점들은 공간 학습과 관련되지 않는 보통의 시냅스이고, 노란 점들은 생쥐가 특정 공간을 학습할 때 만들어지는 시냅스입니다. 생쥐가 공간 정보를 학습해서 정보를 기억할 때 해마에서 특정한 시냅스가 만들어진다는 사실을 증명한 것입니다.

인간의 뇌에서도 생쥐 실험의 결과와 같은 현상이 일어납니다. 예

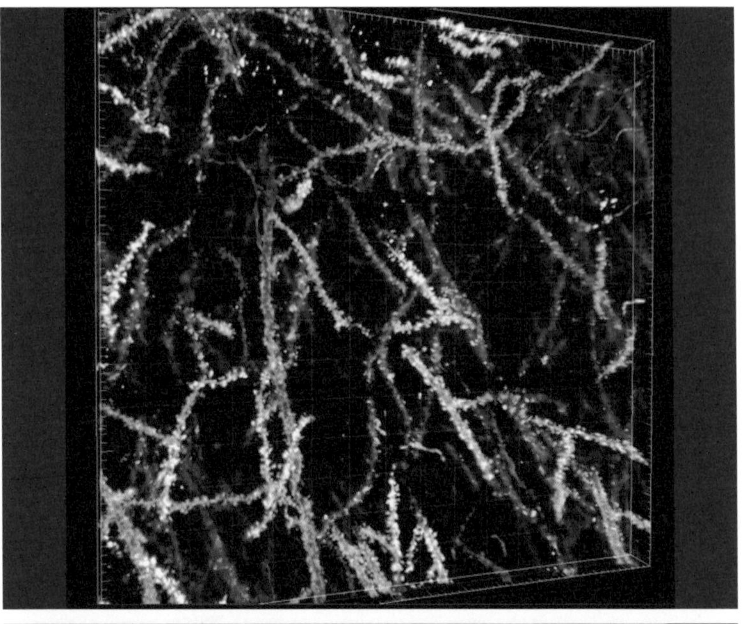

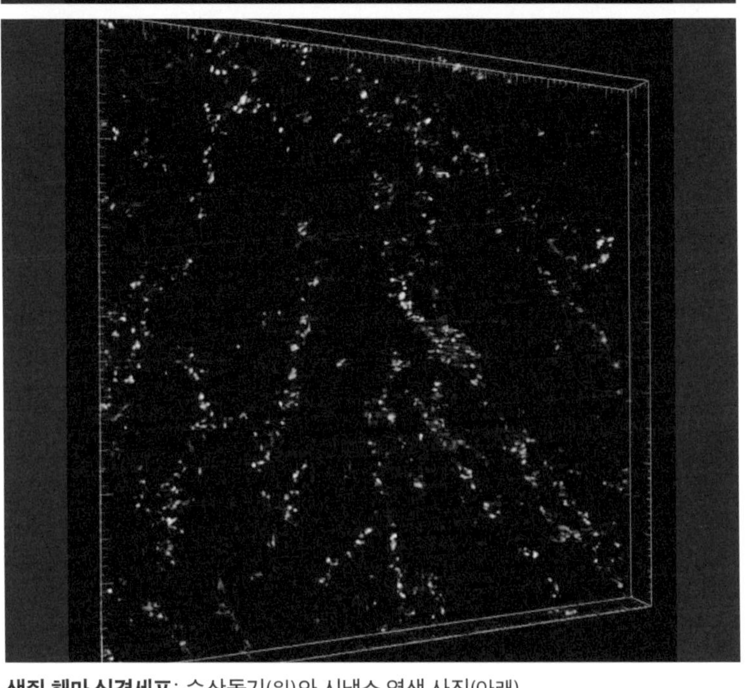

생쥐 해마 신경세포: 수상돌기(위)와 시냅스 염색 사진(아래)

를 들어, 한 연구에서는 피실험자에게 독특한 손동작을 오랫동안 학습해서 배우게 했습니다. 그런 다음 피실험자가 그 손동작을 할 때 기능성 MRI(자기공명영상)로 뇌를 촬영해 봤더니 운동 영역을 활성화하는 뇌의 혈류량이 증가하는 현상이 보였습니다.

원숭이를 실험한 연구에서도 마찬가지 현상이 관측되었습니다. 원숭이에게 6개월 동안 원판 돌리는 훈련을 시켰습니다. 그러고 나서 원숭이가 원판을 돌릴 때 뇌를 살펴보았더니 손가락 운동을 담당하는 뇌의 신경세포가 크게 활성화되었습니다.

학습과 기억의 차이가 존재를 규정한다

이런 실험 결과를 바탕으로 우리는 가설을 세워 볼 수 있어요. 우리 뇌는 운동계·감각계·감정계 등 여러 기능을 담당하는 시스템이 존재합니다. 그중에 한 시스템을 확대해 보면 수많은 뉴런이 들어 있고 또 뉴런을 연결하는 시냅스가 존재합니다. 시냅스는 크기가 제각각 다릅니다. 또 소멸한 시냅스도 있고, 아직 연결 가능성만 있고 생성되지 않은 부분도 있습니다. 이처럼 시냅스의 크기와 상태가 다양하다면, 사람의 뇌마다 시냅스 패턴이 다르다고 가정해 볼 수 있지 않을까요?

예를 들어서, 김 아무개와 이 아무개의 시냅스 패턴은 매우 비슷합니다. 뇌는 기관별로 맡는 역할이 같고 신호를 주고받는 원리도 같으니까요. 그런데 자세히 보면 비슷한 위치에 있는 김 아무개의 시냅스는 크고 이 아무개의 시냅스는 작습니다. 반대로 어떤 위치에 있는 이 아무개의 시냅스는 크고 김 아무개의 시냅스는 작습니다. 이렇게 사람마다 연결된 시냅스 패턴은 조금씩 다릅니다. 바로 이 다른 점이 두 사람의 능력과 개성, 나아가 인격의 차이를 만들어 냅니다.

이 차이는 언제부터, 어떻게 만들어지는 것일까요? 태어나면서부터 만들어지는 것일까요? 일부는 그럴 수도 있습니다. 그러나 사람들 사이의 차이를 만들어 내는 시냅스 패턴의 차이는 저마다 무엇을 학습하고 경험하느냐에 따라서 형성됩니다.

그래서 뉴욕대학교 교수이자 신경과학자 조셉 르두는, "당신은 시냅스에 의해서 결정된다"고 얘기했어요. 또 미국 신경과학자 에릭 캔델은, "우리가 무엇을 배우고 무엇을 기억하느냐에 따라서 우리의 존재가 규정된다"고 얘기했습니다. 즉, 나의 자아와 정체성은 뇌에 어떤 시냅스가 존재하느냐에 따라 결정된다는 뜻이죠. 여러분이 다른 사람과 다른 이유는 여러분 뇌에 다른 사람과 다른 시냅스가 존재하기 때문입니다.

제가 처음 이야기를 시작할 때, "학생 시절의 강봉균과 현재의 강봉균이 같은 사람일까, 다른 사람일까?" 하고 질문했죠? 저의 대답은, "다른 사람이다"입니다. 왜냐하면 저는 성장하면서 수많은 경험과 학습을 거쳐 왔습니다. 그 과정에서 뇌에서는 어떤 시냅스가 발달하기도 하고 때로는 없어지기도 했겠죠. 어린 시절 강봉균의 뇌 시냅스 패턴과 현재 강봉균의 뇌 시냅스 패턴은 전혀 달라졌을 테고요. 그때의 뇌와 지금의 뇌는 완전히 달라졌으니, 뇌가 다르면 다른 존재라고 보는 게 맞지 않을까요?

머리가 똑똑해지는 비법

마지막으로 여러분들이 품고 있는 궁금증을 하나 이야기해 볼까 해요. 여러분은 평소에, '어떻게 하면 기억을 잘할 수 있을까?' '공부를 잘하는 방법이 없을까?' '머리가 똑똑해지는 비법이 있으면 좋겠어' 이런 생각들을 하지 않나요? 이 궁금증에 대해 제가 몇 가지 기본적인 해결책을 알려 드릴게요.

첫째, 수면이 굉장히 중요해요. 뇌는 리듬이 필요합니다. 규칙적으로 자고 일어나는 수면 습관을 들여 보세요. 수면이 일정한 패턴을 띠면 기억을 오래 저장하는 데 특히 좋습니다. 벼락치기 공부가 필요할 때도 있지만, 학습된 내용이 오래 기억되려면 적절한 수면이 필요합니다. 학습한 내용이 저장되는 과정은 수면 시간에 이루어진다는 점을 꼭 기억하세요.

둘째, 평소에 뇌를 많이 쓰는 게 중요합니다. 특히 청소년기의 여러분은 뇌가 많은 정보를 받아들이도록 다양한 경험을 쌓아야 합니다. 다양한 책을 읽고, 많이 생각하고, 어떤 주제에 대해 대화하는 과정이 뇌를 발달시켜 줍니다.

셋째, 운동을 열심히 해서 심장을 단련시키면 뇌에 신선한 피를 공급해 줍니다.

넷째, 단백질과 칼슘을 많이 먹어야 합니다. 앞서 이야기했듯이, NMDA 수용체가 활성화돼서 열리면 칼슘 이온이 들어옵니다. 칼슘이 들어와야 시냅스가 커지기 때문에 칼슘을 꼭 챙겨 먹어야 합니다. 뇌에는 많은 에너지가 필요합니다. 우리가 식사하는 열량의 4분의 1이 뇌에서 소모됩니다. 뇌는 우리 몸의 3~5퍼센트밖에 안 되

머리가 똑똑해지는 비법

는 무게지만, 사용하는 열량은 다른 기관의 10배가 넘습니다. 혹시 살을 빼기 위해서 아침 식사를 거르는 사람이 있나요? 큰일 납니다. 뇌에 별로 좋지 않아요.

다섯째, 카페인·알코올·니코틴처럼 뇌에 각성 효과를 주는 약물은 절대 금지입니다. 이런 약물은 특히 성장기 청소년의 건강한 뇌에는 아주 치명적입니다.

마지막으로, 운동할 때 머리를 다치지 않도록 조심하고, 필요하다면 보호 장비를 쓰는 게 좋습니다.

이제까지 뇌가 어떤 방식으로 학습하고 기억하는지 살펴보고, 나라는 존재가 학습과 기억의 결과물이라는 사실을 함께 이야기해 보았어요. 또 여러분에게 조금 낯선 시냅스 가소성이라는 용어를 설명했습니다. 시냅스 가소성은 학습을 통한 기억에 따라서 시냅스가 커지고 줄어드는 현상을 애기하는 건데요. 시냅스 가소성이 가장 활발하게 일어나는 때가 바로 여러분 같은 청소년 시기입니다. 나이가 들면 시냅스 가소성도 많이 떨어집니다.

여러분 뇌는 지금 한창 발달하고 있어요. 그러니까 많은 경험을 하고, 많은 책을 읽고, 다양한 정보를 습득하면 여러분 뇌는 정말 훌륭하게 작동할 수 있습니다. 이 시기를 놓치면 여러분이 나중에 똑같은 시간을 들여 공부하더라도 뇌의 저장 능력이 떨어집니다. 여러분의 뇌는 나쁜 화학 성분의 물질에도 민감하게 반응합니다. 그러니 반드시 멀리해서 뇌를 건강하게 유지해야 합니다. 이런 과정을 통해 여러분 뇌의 시냅스가 활발하고 창의적으로 작동해서 훌륭한 자아를 만들 수 있기를 바랍니다.

Q. 01

뉴런이 보내는 전기 신호를 과학 기술을 통해 인위적으로 조작해서 변화를 줄 수 있나요? 이렇게 해서 사람의 지능을 더 발전시킬 수 있을까요?

마치 영화에서나 나올 듯한 상황을 가정해서 질문해 주었네요. 그런데 이 질문은 사실 윤리적으로 문제를 일으킬 만한 내용이에요. 뇌에 전기적·화학적 자극을 주는 행위는 아주 특별한 환자를 대상으로만 허용됩니다. 미래에는 또 어떻게 될지 모르겠지만, 지금으로서는 답변하기 매우 조심스러운 내용입니다.

Q. 02

오가노이드(유사 장기) 연구가 활발히 진행되고 있다고 들었습니다. 올해 〈네이처〉에 발표된 논문에서 뇌 오가노이드를 설치류에 이식했더니 무려 8개월 동안 활동했다는 내용을 읽었습니다. 가까운 미래에 정말로 뇌 이식이 가능해질까요?

저는 사람의 뇌를 이식하는 기술이 언젠가는 가능해질 거라고 생각해요. 그러나 가까운 미래인지는 좀 생각해 봐야 할 것 같아요. 가까운 미래가 아니라도 언젠가는 가능하다고 봅니다. 요즘에 줄기세포를 이용해서 인체 장기를 만드는 연구가 많이 진행되고 있는데요. 뇌도 인체 장기 가운데 하나입니다. 줄기세포나 오가노이드를 통해서 복잡한 뇌를 만들어 내는 게 아주 불가능한 일은 아니지 않을까요? 하지만, 앞에서도 이야기했지만 이 부분은 윤리적인 문제와 아주 민감하게 연결되어 있습니다. 기술 연구 못지않게 인격이나 인간의 존엄성에 대해서도 깊이 고민해 봐야 합니다.

Q. 03

제가 친구랑 아무런 연관도 없는 상황에서 우연히 같은 생각을 하는 경험을 자주 했어요. 텔레파시라는 게 정말 있는 건 아닐까요?

지금까지 텔레파시에 대해 과학적으로 입증된 증거는 없어요. 친구와 생각만으로 의사소통할 수 있다거나 하는 일은 실제로 일어나지 않아요. 다만 이렇게 생각해 볼 수는 있겠어요. 나와 친구가 그렇게 똑같은 생각을 하게 해준 어떤 계기가 있지 않았을까요? 친구는 공통의 관심사를 함께 학습하고 기억할 기회가 많을 테니까요. 만약 이런 경우라면 사실 우연이 아니라 오히려 당연하고 자연스러운 현상이겠죠.

Q. 04

시냅스 연결을 보면 사람의 인격이 드러난다고 하셨는데, 미래에는 면접 대신 시냅스 지도를 보고 인재를 뽑지 않을까요?

아주 재미있는 질문이네요. 현재 그런 기술은 없고, 앞으로도 당분간 그런 기술을 갖추기 어렵다고 생각합니다. 왜냐하면 먼저, 무수히 많은 시냅스를 모두 나타내는 지도를 만드는 게 거의 불가능하고요. 다음으로, 그런 기술을 개발하더라도 그 데이터를 저장할 수 있는 컴퓨터가 없습니다. 제가 아는 한, 현재 전 세계 모든 컴퓨터와 클라우드 저장 공간을 다 합쳐도 한 사람의 뇌 시냅스 지도를 저장하기에는 부족합니다. 그만큼 우리 뇌는 매우 복잡하고 방대한 시냅스 지도를 가지고 있어요.

만약 이런 기술적인 문제가 해결된다면 먼 미래에 뇌를 스캔해서 사람이 어떤 생각을 하고 있는지, 어떤 개성과 인격을 가졌는지 파악할 수 있겠지요. 그렇지만 앞서 이야기했듯이, 이런 행위는 자칫 인간의 아이덴티티를 침해하는 윤리적인 문제에 부딪히게 됩니다. 이런 어려운 단계를 거치느니, 차라리 심층 면접을 봐서 인재를 뽑는 게 더 확실하고 효과적이지 않을까 생각해요.

Q. 05

소포에서 빠져나온 글루탐산이 시냅스 틈을 통해 빠져나와 목표하지 않았던 근처 뉴런과 결합하기도 하나요? 그리고 만약 이런 현상이 많이 일어나면 창의적인 사람이 되는 건가요?

아주 기발한 아이디어네요. 결론적으로 말하면, 일반적으로 그런 경우는 없어요. 다만 뇌가 어떤 병에 걸렸을 때 그런 현상이 나타나기도 합니다. 뇌졸중에 걸리거나 신경세포가 손상되면 시냅스전 말단에서 글루탐산이 너무 많이 분비되기도 해요. 이런 현상이 일어나면 아주 위험합니다. 뇌 손상을 일으킬 수 있거든요. 그러니까 글루탐산이 많이 분비된다고 해서 항상 좋은 건 아니에요. 적당량이 분비되면 뇌 신경 회로를 활성화해서 머리를 잘 회전시켜 주지만, 너무 많이 분비되면 신경세포를 파괴해서 오히려 뇌가 퇴행할 수도 있습니다.

그래서 신경세포 주변에는 성상세포라는 신경교세포가 많이 존재합니다. 이 신경교세포는 바깥으로 흘러나온 글루탐산을 빨리빨리 없애 줍니다. 우리 뇌는 이처럼 주변의 신경세포가 파괴되지 않도록 막아 주는 세포를 따로 갖추고 있습니다.

그렇다면 시냅스와 창의력의 상관관계는 어떻게 형성될까요? 저는 무엇보다 경험이라고 생각해요. 많이 보고 듣고 느끼면 당연히 많은 시냅스가 발달하겠죠. 물론 이런 경험이 모두 뇌 속에 저장되지는 않습니다. 어떤 경우에는 분명히 경험했는데도 구체적으로 기억하지 못하기도 합니다. 그렇지만 뇌에 남겨져 있는, 숨겨져 있는 시냅스들은 어느 순간에 직관력이나 번뜩이는 아이디어로 튀어나옵니다. 기시감 같은 현상으로 나타나기도 하고요.

직관력이나 창의력도 뇌 활동의 한 부분입니다. 따라서 아무것도 없는 상태에서 저절로 생겨나는 경우는 없습니다. 학습과 경험을 통해서 누적된 시냅스가 의식적인 상태든 무의식적인 상태든 서로 어울려 작동하면서 솟아납니다. 그래서 저는 다양한 경험이 중요하다는 점을 다시 한번 강조하고 싶어요.

Q. 06

우리 몸에서 위와 뇌의 상관관계가 높다고 하는데, 이유가 따로 있나요?

최근에 마이크로바이옴 연구를 통해서 장에 있는 세균이 뇌에 어떤 영향을 준다는 결과가 나오기는 했어요. 그렇지만 저는 위와 뇌의 상관관계가 특별히 높다고 보지 않아요. 물론 스트레스를 받으면 소화가 잘 안 된다거나, 위가 비어 있을 때 공복감을 느낀다거나 하는 상호작용은 있습니다. 이런 수준의 상호작용은 위뿐만 아니라 모든 장기 기관이 뇌라는 중추 기관의 지배를 받기 때문에 당연한 현상입니다.

Q. 07

인간은 뇌를 평생 10퍼센트도 못 쓴다는 말이 정말인가요?

그렇지 않아요. 보통 사람의 뇌는 100퍼센트 다 작동하고 있습니다. 만약 우리 뇌에서 활용하지 않는 부분이 있다고 가정해서, 그중에 1퍼센트라도 제거한다면 끔찍한 일이 생겨나겠죠?
다만 이 질문을 좀 다르게 접근해 볼 수는 있겠어요. 우리 뇌에는 100~1000조 개의 많은 시냅스가 있어요. 그런데 이 시냅스를 100퍼센트 활용하느냐 하면, 그렇지 못해요. 물론 퍼센트로 정확히 나타낼 수 없고 사람마다 다르겠지만, 시냅스의 10퍼센트 정도만 쓰고 있다고 표현할 수도 있습니다.
그러니 여러분들이 다양한 경험을 통해서 나머지 시냅스들도 많이 쓸 수 있도록 노력해 보세요. 다양한 책을 읽고 다양한 생각을 하고 다양한 음악을 듣거나 악기를 연주해 보세요. 또 오른손잡이는 왼손 쓰는 법을 배워 보고, 내가 늘 다니는 길이 아니라 좀 엉뚱한 길을 한번 가 보는 습관도 시냅스를 활성화하는 데 많은 도움을 줄 거예요.

FUN&LEARN
FUN&LEARN
FUN&LEARN

물리로 보는 세상

– 김범준 –

"원자와 분자가 상호작용하면서 물질을 이루듯,
한 사람 한 사람이 상호작용하면서 사회를 이룬다.
하나로 여럿을 설명할 수 있는 물리학은
변화 가득한 미래 세상을 살아갈 기초가 될 것이다."

PROFILE_김범준

성균관대학교 물리학과 교수이다. 서울대학교를 졸업하고, 동 대학원에서 석박사 학위를 받았다. 스웨덴 우메오대학교에서 조교수로 근무했고, 아주대학교를 거쳐 2005년부터 성균관대학교에 재직 중이다. 한국복잡계학회장과 한국물리학회 대중화위원회 위원장을 역임했으며, 변화를 꿈꾸는 과학기술인 네트워크(ESC)의 회원과 국제 학술지 〈EPL〉의 편집 위원으로도 활동하고 있다. 한국물리학회 용봉상(2006)과 저서 《세상물정의 물리학》으로 한국출판문화상(2015)을 수상했다. 복잡계 과학의 여러 주제를 연구해 190여 편의 논문을 발표했으며, 저서로는 《관계의 과학》 《김범준 선생님이 들려주는 빅데이터와 물리학》 《내가 누구인지 뉴턴에게 물었다》 《복잡한 세상을 이해하는 김범준의 과학상자》 《보이지 않아도 존재하고 있습니다》 등이 있다. 경향신문, 뉴스웰, 한국 스켑틱 등의 매체에 칼럼을 연재했고, tvN 〈어쩌다 어른〉과 〈책 읽어드립니다〉에 출연하며 과학의 대중화를 위해 노력하고 있다.

과학자의 시선으로 우주와 자연 바라보기

안녕하세요. 저는 성균관대학교 물리학과 교수 김범준입니다. 이야기를 시작하기 전에 먼저 책을 한 권 소개할게요. 저하고 비슷한 나이의 과학자들 가운데는 어려서 미국 천문학자 칼 세이건이 쓴 《코스모스》를 읽고 과학자의 꿈을 꾸기 시작한 사람들이 많은데요. 저희끼리 '《코스모스》 세대'라고 말할 정도입니다.

저도 마찬가지예요. 중학교 1, 2학년 때쯤 《코스모스》를 읽고 과학자가 되고 싶었어요. 지금 물리학자로 살아가고 있으니까, 어떻게 보면 저는 인생의 목표를 이룬 것 같습니다. 사실 처음 읽을 때는 모든 내용을 이해하지는 못했어요. 하지만 우주를 바라보는 작가의 시선이 굉장히 감동적이었어요. 구체적인 내용을 완벽하게 이해하지 못했지만, 과학자로서 태도나 접근 방식이 울림이 있었습니다. 여러분도 《코스모스》를 읽어 보세요. 지금 이해하지 못하더라도 실망하지 마십시오.

오늘 여러분과 이야기할 내용은 크게 보면 두 가지입니다. 먼저, 원자를 중심으로 자연 현상을 이해하고 설명해 보겠습니다. 다음으로, 마찬가지로 원자를 키워드로 삼아 사람들이 사회적 원자라는 관점으로 해석하는 연구를 소개하겠습니다.

그럼, 먼저 원자론으로 바라보는 자연에 대한 이야기를 시작해 보겠습니다. 여러분, 이런 상상을 한번 해볼까요? 어쩌다가 인류가 며칠 안에 큰 재앙을 맞아서 멸망할 위험에 놓인 거예요. 전 지구적 재난으로 모든 물질문명이 사라지고 극소수의 인간만 살아남는다고 가정해 보세요. 이제 우리는 후손을 위해서 지금껏 밝혀낸 과학 이론의 핵심을 남겨 주어야 합니다. 우리는 어떤 과학 이론을 후손에게 남겨 주어야 할까요?

이 질문에 대해 유명한 물리학자 리처드 파인만은, '원자론'이라고 답했어요. 인류의 멸망에 앞서서 후손에게 남겨 줄 단 하나의 이론으로 원자론을 선택한 거죠. 원자론은 모든 물질이 원자로 이루어져 있다는 이론이에요. 여러분은 원자론을 배웠을 거예요. 그리고 원자들이 모여서 분자가 되고, 분자는 물질의 성질을 나타내는 최소 단위라는 사실도 알고 있을 거예요.

분자의 인력과 척력, 그리고 열운동

여기에 더해서, 분자 사이에는 힘이 작용합니다. 오른쪽 그래프를 보면, 파란색 선이 골짜기처럼 오목하게 들어간 부분이 있네요. 이 골짜기의 오른쪽 언덕에 구슬을 올려놓으면 어떻게 될까요? 구슬은 골짜기 쪽으로 움직이겠죠. 이 그래프에서 구슬은 분자이고, 가로축은 분자 사이의 거리, 세로축은 에너지를 나타냅니다. 그러니까 빨간 구슬의 위치에 있는 분자는 옆 분자와의 거리가 너무 멀어지면 거리를 좁히는 방향으로 움직입니다. 빨간 구슬(분자) 입장에서는 다른 분자가 잡아끈다고 느끼는 것이죠. 이처럼 서로 잡아끄는 힘이 인력입니다.

이번에는 구슬이 골짜기의 왼쪽 위에 있다고 가정해 보세요. 그럼 구슬은 오른쪽으로 움직이겠죠. 두 분자 사이의 거리가 아주 가까

분자 간 거리에 따른 인력과 척력의 작용

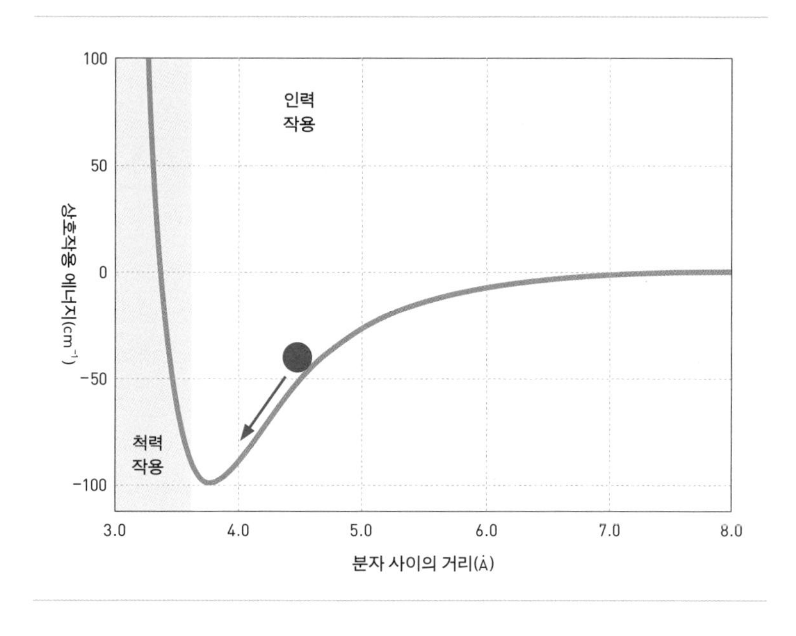

워지면 두 분자는 멀어지고 싶어 합니다. 즉, 너무 가까운 분자 사이에는 서로 미는 힘, 척력이 작용합니다. 왜 분자는 서로 거리가 멀어지면 당기고 가까워지면 밀어낼까요?

분자는 전기적으로 중성 성질을 띠지만, 분자 내부에는 플러스 전하가 많은 부분과 마이너스 전하가 많은 부분이 있습니다. 이때 두 분자가 일정하게 가까워지면 어떤 일이 일어날까요? 뒤쪽의 그림을 살펴보면서 이야기하겠습니다. 왼쪽에 위치한 분자는 플러스 전하가 오른쪽으로 이동하고, 오른쪽에 위치한 분자는 마이너스 전하가 왼쪽으로 이동합니다. 한 분자의 플러스 전하 부분과 다른 분자의 마이너스 전하 부분이 가까워져야 서로 안정적인 관계를 유지하기 때문입니다. 그러니까 분자는 전기적으로 중성이지만, 일정한 거리

분자 내부 플러스 전하와 마이너스 전하의 상호작용

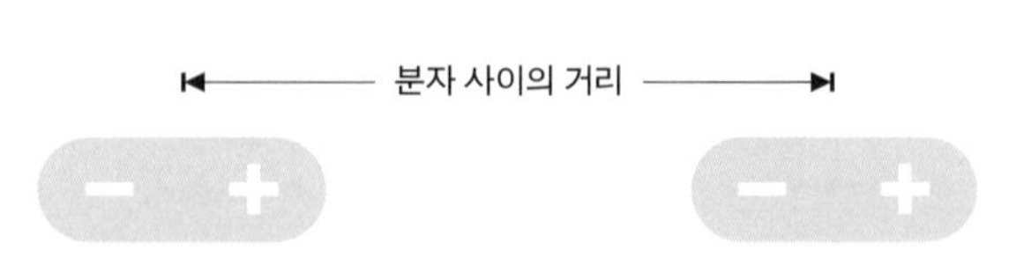

한 분자의 + 전하 부분과 다른 분자의 − 전하 부분이 가까워지도록
분자 내부에서 전하가 이동

에서 서로 인력이 작용하는 거죠. 물론 분자 사이의 거리가 멀어지면 인력도 그만큼 약해집니다.

그런데 앞서 이야기했듯이, 두 분자가 너무 가까워지면 서로 밀어냅니다. 사실 이 척력 현상은 짧게 설명하기가 좀 어려워요. 양자역학에서 나오는 파울리의 배타 원리를 알아야 정확히 이해할 수 있거든요. 여기서는 일단 직관적으로만 간단히 알고 넘어갑시다. 여러분, 혹시 '전자구름'이라는 용어를 들어 봤나요? 전자구름은 원자

전자구름 개념도

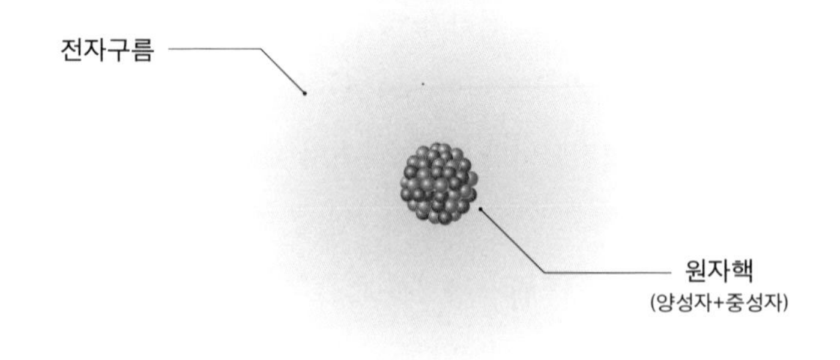

핵 주위에 전자들이 나타날 확률(파동함수)을 표현했더니 구름처럼 나타난다고 해서 붙여진 이름이에요. 만약 두 분자가 아주 가까워지면, 원자핵을 둘러싼 전자구름이 겹칠 정도로 가까워지면, 양쪽 전자구름의 전자들은 같은 위치에 있기를 거부합니다. 그래서 서로 밀어내는 척력이 작동합니다. 이처럼 분자 사이에는 거리에 따라서 밀고 당기는 힘이 존재합니다.

여기에 분자의 대표적인 성질 한 가지만 덧붙일게요. 바로 분자의 열운동입니다. 우리가 살아가는 공기 중에는 수많은 기체 분자가 마구마구 돌아다닙니다. 만약 제가 서 있는 이 공간의 온도가 올라가면 기체 분자들은 더 활발하게 운동하면서 아무 방향으로나 마구잡이로 움직입니다. 이처럼 분자의 운동 에너지가 증가하면 우리는 온도가 올라간다고 체감하게 됩니다.

물, 수증기, 얼음의 분자 상태

●

지금까지 저는 여러분에게 분자의 세 가지 법칙을 이야기했습니다. 하나, 모든 물질은 원자로 구성된 분자로 이루어진다. 둘, 분자 사이에는 일정한 거리에 따라서 밀고 당기는 힘이 존재한다. 셋, 온도가 올라가면 분자들이 더 활발히 움직인다. 이 세 가지 물리법칙만으로 아주 많은 자연 현상을 이해하고 설명할 수 있어요. 그 가운데 몇 가지를 맛보기로 알려 드릴게요.

액체인 물이 있다고 생각해 볼까요? 액체 상태의 물 분자는 다른 물 분자와 어느 정도 가까이 있습니다. 서로 잡아당기는 인력이 작용해서 물이라는 액체로 뭉쳐 있는 거죠. 물의 온도를 조금씩 계속 올려 볼까요?

물의 온도가 점점 올라가면 어떤 현상이 일어날까요? 물리법칙에 따라 물 분자들은 더 활발하게 움직입니다. 분자들 사이의 거리가 멀어지면서 부피도 커집니다. 그러다가 온도가 더 높이 올라가면 활발히 움직이던 물 분자 가운데 일부는 운동 에너지가 넘쳐나서 주변 물 분자와의 인력에서 벗어납니다. 인력을 끊어 낸 분자는 물 밖으로 뛰쳐나갑니다. 온도가 올라갈수록 더 많은 물 분자가 대기 중으로 뛰쳐나갑니다. 그게 바로 기체 상태의 수증기죠. 이제 여러분도 온도를 올리면 물이 왜 수증기가 되는지 아주 간단하게 이해하고 설명할 수 있겠죠?

반대로 물의 온도를 내리면 무슨 일이 생길까요? 온도를 내리면 액체 상태의 물 분자들이 조금씩 느리게 움직입니다. 그러면 물 분자들 사이의 거리가 줄어들면서 부피가 줄어듭니다. 액체의 온도가 올라가면 부피가 늘어나고, 온도가 낮아지면 부피가 줄어드는 거죠. 이 현상을 이용해서 발명한 물건이 온도계입니다. 온도가 오르면 온도계 안에 들어 있는 액체의 부피가 팽창하고, 따라서 눈금이 올라갑니다.

이제 온도를 더 내려 볼게요. 액체 상태의 분자들이 점점 부피가 줄어들어요. 그렇다고 해서 물의 부피가 0이 되지는 못합니다. 왜 그럴까요? 분자들 사이에는 거리가 아주 가까워지면 서로 밀어내는 척력이 작용하기 때문이에요. 그래서 마침내 옆 분자와의 거리가 척력과 인력이 균형을 이루는 위치에서 딱 정지합니다. 온도를 충분히 낮추면 물을 구성하는 물 분자들은 움직임을 멈추고 제자리에

고정돼서 정렬합니다. 그게 바로 고체 상태의 물, 얼음입니다.

이처럼 몇 가지 물리법칙만으로도 왜 물은 온도가 올라가면 수증기가 되는지, 왜 온도가 낮아지면 얼음이 되는지 명쾌하게 이해할 수 있습니다.

한여름, 마당에 물을 뿌리는 이유

●

이번에는 컵 안에 담긴 물을 생각해 봅시다. 우리 눈으로 보기에 컵 안의 물은 아무런 변화 없이 아주 잔잔하고 고요해요. 만약 물 분자 하나하나를 볼 수 있을 정도로 컵의 수면을 확대해서 보면 어떨까요? 미시적인 수준에서 분자들은 활발하게 움직이고 변화합니다. 물이 얼음으로 변할 정도로 온도가 떨어지지 않는다면, 물 분자들은 컵 안을 끊임없이 헤엄치며 돌아다닙니다.

그런데 물질이 평형 상태에 있더라도 모든 분자가 똑같은 속도로 움직이는 건 아닙니다. 어떤 분자는 빠르게 움직이고, 또 어떤 분자는 느리게 움직여요. 컵의 수면에서 돌아다니는 물 분자 중에도 어떤 분자는 다른 분자보다 빠른 속도로 움직입니다. 이런 분자는 다른 물 분자와의 인력을 벗어나서 공기 중으로 뛰쳐나가기도 합니다. 시간이 지나면 결국 빠른 속도로 움직이는 분자는 공기 중으로 빠져나가고, 수면 아래에서 느리게 움직이는 물 분자만 남아요.

앞서 배운 분자의 열운동 법칙에 따르면, 느리게 움직이는 물 분자만 남으면 물의 온도가 낮아집니다. 물이 증발하면 물의 온도가 낮아지는 이유가 여기에 있습니다. 분자들의 열운동만으로 쉽게 이해할 수 있겠죠? 우리가 뜨거운 국물이나 차를 마실 때 입바람으로 후후 불잖아요. 이게 아주 과학적인 행동이에요. 뜨거운 액체 상태에서 물 분자가 수증기로 변해서 공기 중으로 빨리 탈출하게 도와주면 물의 온도는 그만큼 빨리 낮아질 수밖에 없다는 사실을 우리가 행동으로 증명해 왔던 거죠.

제가 어렸을 때 경험인데요. 여름에 아주 더울 때 부모님이 마당에 물을 뿌리셨어요. 마당에 물을 뿌리면 더위가 가시고 한결 시원해집니다. 왜 마당이 시원해지는지 이제 여러분도 쉽게 설명할 수 있겠죠?

액체 상태에 있던 물 분자가 마당의 열과 만나 수증기로 뛰쳐나갑니다. 한편, 속도가 느린 물 분자는 자연스럽게 남아서 온도를 떨어뜨리는 거죠. 열운동이라는 건 결국 분자들의 평균 운동 에너지를 뜻해요. 속도가 빠른(운동 에너지가 높은) 분자들이 빠져나가고 나면 속도가 느린(운동 에너지가 낮은) 분자들만 남아요. 남은 분자들의 평균 운동 에너지는 낮을 수밖에 없고, 그건 곧 온도가 낮아진다는 뜻입니다. 이제 우리는 액체가 기체로 바뀌는 현상, 즉 기화를 통해서 온도가 낮아지는 이유를 확실히 이해하게 되었어요.

아침 이슬과 뭉게구름의 비밀

●

해가 서쪽으로 기우는 저녁 무렵을 떠올려 보세요. 이즈음에는 공기 중의 온도가 낮아집니다. 공기 중에는 수증기 상태인 물 분자가 늘 가득 떠다녀요. 수증기 상태에서 활발하게 움직이던 분자는 밤새 온도가 낮아지면 속도가 점점 느려집니다. 그중에 일부가 물 표면에 아주 가깝게 내려옵니다. 그러면 어떤 일이 일어날까요? 속도가 느려진 수증기 분자와 물 표면의 분자 사이에 다시 인력이 작용합니다. 기체 상태의 수증기 분자가 다시 액체 상태의 물 분자로 돌아가는 거죠.

여러분, 아침에 풀잎에 맺혀 있는 예쁜 이슬방울을 본 적 있죠? 이슬방울은 왜 해가 높이 뜬 오후에는 안 보이고 새벽이나 아침에만 보일까요? 낮에는 대기의 온도가 높아요. 그래서 수증기 형태로 대기 중에 떠다닙니다. 그러다 밤이 되면 대기의 온도가 낮아져 수증기 분자는 속도가 느려지면서 주위의 다른 분자와 가까워질 확률이 커져요. 이때 분자들 사이에 인력이 작용해서 뭉치게 되고, 여러 분자들이 결합하면 물방울이 됩니다. 그게 바로 풀잎에 맺혀서 이슬방울이 되는 거죠. 따라서 안개가 주로 새벽이나 아침에 끼는 현

왜 이슬방울은 아침에 맺힐까?

상은 아주 자연스럽고 당연합니다. 안개는 수증기로 떠다니던 분자들이 온도가 떨어지자 속도가 느려지면서 뭉친 작은 물방울이에요.

하늘에 떠 있는 구름도 마찬가지예요. 제가 몇 해 전 4월쯤에 학회에 참석하려고 캐나다에 간 적이 있어요. 그때 넓은 벌판을 지나가는데 지평선에 정말 예쁜 뭉게구름이 떠 있는 거예요. 그런데 뭉게구름을 보면서 문득 한 가지 궁금증이 생겼어요. 여러분, 구름을 가만히 살펴보세요. 뭉게구름 윗부분은 불규칙한 모양인데 아랫부분은 평평합니다. 뭉게구름은 왜 위쪽은 제각각 모양인데 아래쪽은 평평할까요?

사실 아주 어려운 문제는 아니에요. 지면이나 수면은 햇빛이 직접 닿아요. 그래서 지면과 수면에 가까울수록 온도가 더 높습니다. 바닷물 표면에 햇빛이 쨍하게 비친다고 생각해 보세요. 태양 에너지를 받은 바닷물 표면의 물 분자는 열운동이 활발해집니다. 그 가운데 일부 분자들은 뛰쳐나가서 수증기로 변합니다. 기체로 변해서 대기 중으로 올라간 수증기 분자는 어떤 상황과 마주칠까요?

수면으로부터 멀어져서 높이 올라갈수록 온도가 낮아지겠죠. 기체 상태로 출발해서 위로 올라간 분자는 온도가 낮아지면서 다시 물방울로 뭉치게 됩니다. 그렇게 뭉친 물방울이 바로 구름입니다.

이 분자 법칙에 따르면 왜 구름의 밑면이 평평한지도 쉽게 이해할 수 있어요. 자, 구름의 밑면 바로 아래는 어떤 상태일까요? 더 아래니까 대기 온도가 높아요. 그 상태에서 분자들은 모두 기체로 있고 싶어 해요. 그러다가 일정한 높이까지 올라갈수록 기온이 점점 떨어져요. 대기가 안정적인 조건에서, 온도는 지면과 수면으로부터 높이에 따라서 일정하게 줄어듭니다. 즉 온도는 '지면·수면과의

왜 뭉게구름의 아래쪽은 평평할까?

높이차(거리)만큼의 함수'입니다. 수증기 분자는 바다 표면으로부터 일정한 높이까지 올라갔을 때 물 분자로 바뀌는 온도 상태와 마주칩니다. 수증기 분자가 물 분자로 바뀌는 출발선(지면·수면과의 거리)이 같기 때문에 일정 온도의 대기층에 다다르면 많은 수증기 분자가 한꺼번에 구름으로 바뀝니다. 따라서 구름의 밑면은 당연히 평평할 수밖에 없습니다.

한편, 아래쪽에서 만들어진 구름은 위쪽 구름을 밀어 올립니다. 위쪽 구름은 물 분자와 수증기 분자가 뒤엉킨 상태이고, 당연히 불규칙한 모양을 띨 수밖에 없습니다. 자, 이렇게 해서 뭉게구름의 비밀이 풀렸습니다.

물리학자들은 이처럼 몇 가지 이론을 가지고 자연 현상을 이해하고 설명하는 것을 굉장히 좋아합니다. 아주 단순한 몇 가지 이론만으로도 다양한 자연 현상을 이해하고 설명할 때 지적인 희열을 느낍니다. 물리학자들은 하나로 여럿을 설명하고 싶어 합니다. 저도 여러분에게 세 가지 물리법칙만으로 여러 가지 자연 현상을 설명했어요. 이번에는 여러분에게 문제를 하나 낼게요. 왜 물방울은 둥근 모양일까요? 앞의 세 가지 가설을 바탕으로 해서 이 문제를 풀어 보세요. 곰곰이 생각해 보면 어렵지 않게 풀 수 있을 거예요.

사회의 원자인 인간을 연구하다

●

두 번째 주제로 넘어가겠습니다. 사람을 원자처럼 분석해 보는 시간입니다. 주제가 좀 도발적인가요? 저는 물리학 중에서 통계물리학 분야를 전문으로 연구하고 있습니다. 아마 여러분 가운데 '통계물리학'이라는 용어를 처음 들어 본 사람도 많을 거예요. 사실 저도 통계물리학이라는 용어가 독특하다고 생각해요. 물리학은 연구 분야가 정말 다양해요. 그래서 어떤 분야의 물리학 연구인지 구체적으로 나타내기 위해 앞에 이름을 덧붙입니다. 천체를 연구하는 '천체물리학', 작은 입자들을 연구하는 '입자물리학', 반도체를 연구하는 '반도체물리학', 이런 식으로요. 그런데 흥미롭게도 통계물리학은 '통계'를 연구하지 않습니다. 통계물리학자는 통계를 '연구 방법'

으로 이용합니다.

우리는 어떤 경우에 통계 방법을 이용할까요? 연구 대상의 표본이 많을 때입니다. 연구 대상이 많은 양의 정보일 수도 있고, 생명체 무리일 수도 있습니다. 이 많은 대상을 크게 나누거나 묶어서 연구할 때 통계 방법을 이용해요. 그래서 통계물리학자가 관심 있게 바라보는 연구 대상의 공통점은 일단 뭐가 많다는 겁니다. 사실 예전에 통계물리학은 원자와 분자 같은 물리 입자들의 상호작용과 거시적인 특성을 연구하는 분야였어요. 그런데 최근에 통계물리학자가 큰 관심을 가진 분야가 생겼습니다.

우리 사회는 많은 사람들이 함께 살아가면서 다른 사람들과 영향을 주고받잖아요. 사람들은 저마다 자신만의 개성과 판단에 따라 행동해요. 그런데 각각의 생각과 행동 패턴을 한데 모아서 보면 일정한 흐름과 경향이 드러납니다. 그러니까 원자와 분자가 상호작용하면서 물질(자연계)을 이루듯, 독립적인 한 사람 한 사람이 상호작용하면서 인간계(사회)를 구성하는 거죠. 통계물리학자는 물리 세계를 연구하듯 인간과 사회를 연구해 보기로 했어요. 많은 사람들의 생각과 행동을 대상으로 삼아 통계적 방법으로 연구하는 거죠.

사람을 대상으로 삼은 통계물리학을 한 문장으로 정리하자면, '티끌 모아 태산을 이해한다'입니다. 물리학자가 궁금한 건 태산입니다. 하지만 태산을 보려면 먼저 미시적인 정보를 긁어모아야 합니다. 한 명 한 명의 정보를 티끌처럼 모아서, 수많은 티끌들이 상호작용하면서 만들어 내는 커다란 사회 현상을 연구합니다.

박수의 때맞음

요즘에 저와 많은 물리학자들이 연구하는 주제 가운데 하나가 '때맞음'이에요. 여러분도 친구들과 실험해 보세요. 먼저, 10~20명 정도 친구들에게 박자에 맞춰 손뼉을 쳐 달라고 부탁해 보세요. 그러면 그리 오래 지나지 않아 많은 친구들이 함께 박자에 맞춰서 손뼉을 칠 거예요. 한자로 이런 현상을 '동기'라고 해요. '같을 동〔同〕' '기간 기〔期〕', '기간(때)을 똑같이 맞춘다'는 뜻이에요. 제 주변 물리학자 사이에서는 이 한자어를 쉽게 이해할 수 있는 용어로 바꿔서, '때맞음'이라고 부릅니다.

저도 강연 같은 데서 때맞음 실험을 많이 해봤거든요. 정말 사람들은 몇 초 만에 다 함께 속도를 맞춰서 손뼉을 칩니다. 이때 사람들이 어떻게 손뼉 박자를 맞춰 갈까요? 그렇게 어렵지 않아요. 내가 손뼉을 치면서 들어 보니까, 다른 사람들이 나보다 손뼉을 빨리 쳐요. 그러면 나도 박자 속도를 높여요. 반대로 내가 손뼉을 치면서 들었더니, 다른 사람들이 나보다 박자가 늦어요. 그러면 나도 박자를 늦추겠죠. 아주 간단합니다. 이렇게 쉽게 이해할 수 있는 현상을 물리학자들이 굳이 수식으로 표현했습니다.

때맞음을 표현한 수식

$$\frac{d\theta_i}{dt} = \omega_i + \frac{K}{N}\sum_{j=1}^{N}\sin(\theta_j - \theta_i)$$

이걸 보면서, '손뼉 치는 사람들을 표현한 수식이네' 하고 생각한 사람 있나요? 만약 있다면 나중에 꼭 물리학과로 진학하기 바랍니다. 보기만 해도 아주 복잡하고 어려워 보이죠? 이 수식의 의미만 간단히 이야기해 드릴게요.

수식의 우변 가운데쯤에 알파벳 'K'가 보이죠? K는 사람들이 다른 사람들과 얼마나 강하게 영향을 주고받는지를 나타내는 변수입니다. 만약 K가 정확히 0이라면 어떻게 될까요? 우변에서 두 번째 항이 아예 없어진다는 뜻이에요. 우변의 두 번째 항이 사라지면 '오메가 아이(ω_i)'라고 적힌 첫 번째 항만 남습니다.

K가 0이라는 의미는, 사람들이 다른 사람들과 전혀 영향을 주고받지 않는 상태를 뜻합니다. 사람들이 함께 박자를 맞추지 않고 각자 나름대로 치고 싶은 박자로 손뼉을 계속 치는 상태입니다. 이때는 때맞음이 일어나지 않습니다. 사람들이 다른 사람과 영향을 주고받지 않는다면 박수가 맞을 이유가 없습니다. 반대로 이 수식에서 K가 아주 크면 어떤 상황이 일어날까요? 우변의 두 번째 복잡한 항의 영향이 우변의 첫 번째 항보다 훨씬 커지겠죠. K가 아주 크다면, 사인(sin) 함수의 속성에 따라, 사람들의 손뼉의 위상인 세타(θ) 변수가 다 똑같아지는 상태에 도달합니다.

이 수식의 의미를 다시 정리하자면, 사람들이 상호작용하지 않으면 때맞음이 일어나지 않고, 사람들이 강하게 상호작용하면 때맞음이 일어나는 현상을 표현하고 있다는 것입니다. 저는 박수의 때맞음 현상을 상당히 재미있게 생각했어요. 그래서 이 현상에 대해 본격적으로 연구를 진행해 보았어요.

왜 박수 속도가 빨라질까

먼저 간단한 실험용 앱을 만들었어요. 이 스마트폰 앱의 화면에는 '시작' 버튼과 '소리' '묵음' 버튼이 보입니다. 소리 버튼을 누르면 '틱' 하는 소리가 납니다. 이제 사람들을 한 공간에 모은 다음 스마트폰에 이 앱을 깔아서 소리 버튼을 누르게 했어요. 사람들은 다른 사람들이 소리 버튼을 눌러서 나는 '틱' '틱' 소리를 들으면서 자기의 소리 버튼 누르는 속도를 조율했어요. 마치 손뼉 치면서 때맞음을 이루는 방식과 정확히 같습니다. 그걸 스마트폰 앱으로 구현한 거죠.

이렇게 스마트폰 앱을 만들어서 실험하면 좋은 점이 있어요. 사람들이 버튼을 누른 정확한 시간 데이터를 컴퓨터 서버에 전송해

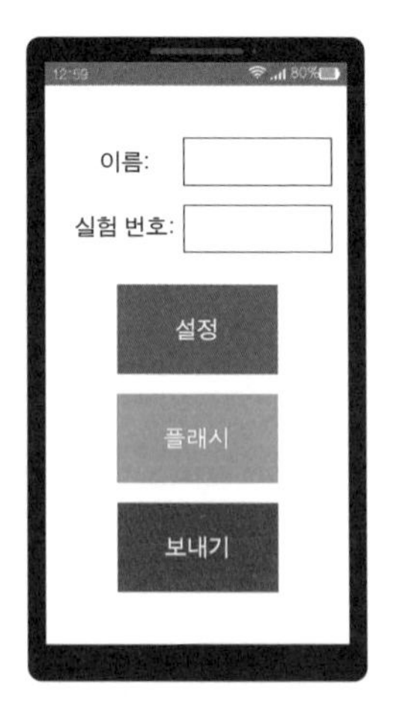

때맞음 앱 화면

때맞음 앱 데이터 그래프

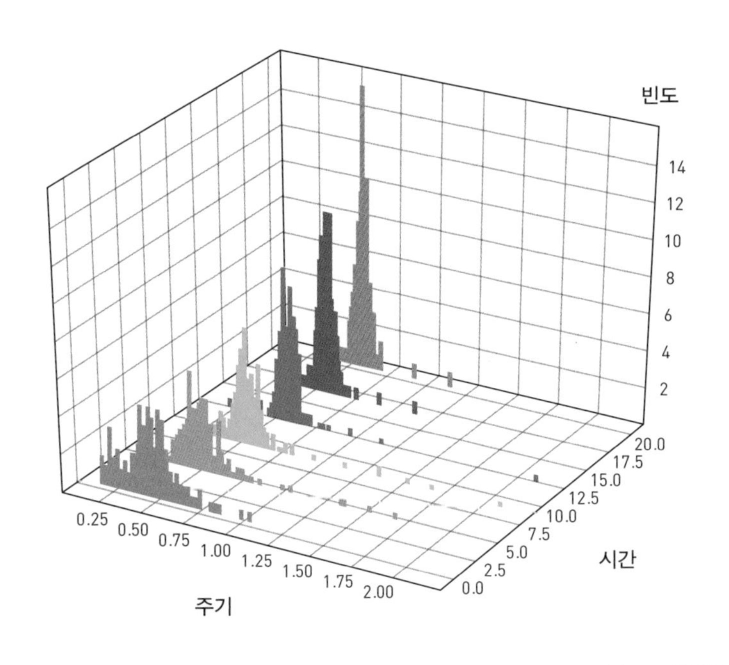

서 저장할 수 있습니다. 사실 우리가 손뼉을 칠 때는 정확한 시간을 알기 어렵잖아요. 스마트폰 앱으로 실험하면 사람들이 언제 버튼을 눌렀는지 정확히 알 수 있죠.

이 데이터를 모아서 그래프로 나타내 보았습니다. 그래프 앞쪽에는 파란색 그래프가 넓게 분포합니다. 처음 시작할 때 버튼을 누르는 시간이 안 맞아서 넓은 확률 분포로 나타난 거죠. 이때는 때맞음이 발생하지 않았습니다. 그런데 시간이 흐를수록 뒤쪽 그래프는 좁게 분포합니다. 마지막 갈색 그래프를 보면 대부분 사람들이 똑같은 주기로 소리 버튼을 눌러서 때맞음이 일어났다는 사실을 확인할 수 있습니다.

사실 제가 이 연구를 하게 된 계기가 있어요. 제가 강연할 때 사람들이 저에게 손뼉을 쳐 주었어요. 사람들은 빠르게 박수 때맞음을 이룹니다. 그런데 제가, "박수를 계속 쳐 주세요" 하고 부탁하면 박수가 점점 빨라지는 거예요. 몇 번이나 실험해 봤는데도 똑같은 현상이 일어났어요. 사람들의 박수가 점점 빨라집니다. 그래서 이게 정말 객관적인 실험으로 재현할 수 있는 현상인지 궁금했어요. 만약 그렇다면 왜 이런 현상이 일어나는지도 궁금했고요. 그래서 스마트폰 앱을 만들어서 실험해 본 겁니다.

자, 아까 스마트폰 앱 화면에 묵음 버튼도 있었죠? 소리 버튼을 누를 때는 사람들이 '틱' '틱' 소리를 들으면서 거기에 맞춰 자기 소리 버튼을 누릅니다. 사람들이 상호작용하는 거죠. 그런데 묵음 버

상호작용과 비상호작용 데이터 비교 그래프

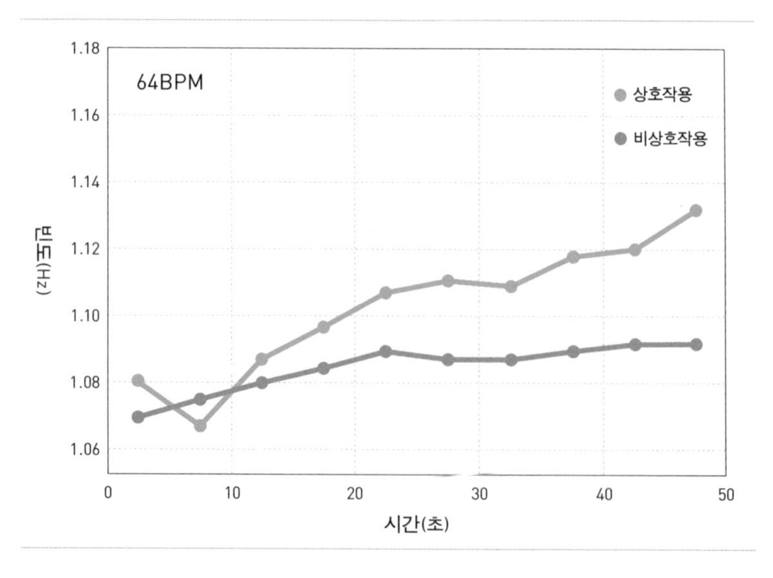

튼을 누르면 소리가 안 나요. 그때는 각자 열심히 누르는데 다른 사람은 소리를 못 들어요. 사람들이 서로 상호작용하지 않는 상황이 됩니다.

앞쪽 그래프는 상호작용하는 상태에서의 버튼 데이터(분홍색)와 상호작용하지 않은 상태에서의 버튼 데이터(파란색)를 표현한 그래프입니다. 분홍색 그래프를 보면 상호작용할 때 박수의 박자가 점점 빨라지는 게 확인됩니다. 제 개인적인 경험이 객관적인 현상으로 나타난다는 사실을 실험으로 증명한 거죠.

저는 이 현상을 어떻게 과학적으로 설명할 수 있을지 고민해 봤어요. 아이디어는 아주 간단했어요. 여러분이 친구들과 함께 원형 운동장을 달리고 있습니다. 이때 선생님이 되도록 친구들하고 보조를 맞춰서 뛰어 달라고 부탁했어요. 그런데 여러분이 달리다 보면

원형 운동장 달리기와 박수 때맞음

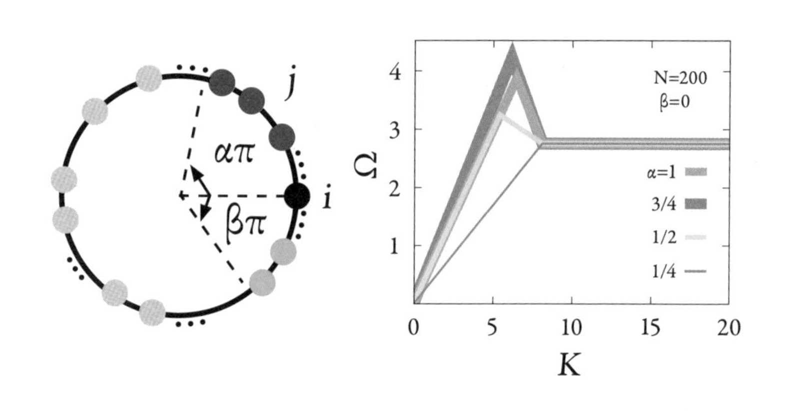

당연히 앞에 뛰어가는 친구는 보이지만 뒤에서 뛰어오는 친구는 안 보이잖아요. 저는 이런 상황을 앞에서 본 때맞음 수식에 적용해 보았어요. 그러니까 앞에 있는 진동자와는 상호작용하고, 뒤에 있는 진동자와는 거의 상호작용하지 않는다는 간단한 가정을 수치화해서 수식에 대입해 본 거죠. 그 결과 박자가 빨라지는 현상을 재현할 수 있었습니다.

마지막으로 제가 좋아하는 아인슈타인이 남긴 글귀를 하나 아래에 소개할게요.

이론 또는 모형은
가능한 한 단순해야 한다.
하지만 더 단순하면
안 된다.

알베르트 아인슈타인 Albert Einstein

이 글귀의 앞 문장은 물리학자의 연구 방법을 변호해 주는 내용입니다. 자연은 정말 복잡합니다. 자연을 설명하려는 이론이 자연처럼 복잡하다면 우리는 아무것도 이해할 수 없겠죠. 자연을 설명하는 이론은 가능한 한 단순해야 합니다. 대다수 물리학자는 이론을 단순화하려고 온 힘을 기울입니다. 하지만 아인슈타인이 남긴 두 번째 문장은 과도한 단순화에 목매는 물리학자에게 보내는 일종의 경고입니다. 단순화도 정도껏 하라는 겁니다.

저는 물리학자입니다. 물리는 세상의 모든 것을 이해하려는 지적인 노력의 총 결합체라고 생각합니다. 저는 연구하는 대상이 무엇이냐에 따라서 물리학인지 아닌지가 결정된다고 생각하지 않아요. 연구 대상이 무엇이든 물리학자의 시선으로 바라본다면 물리학이 된다고 생각합니다. 세상은 복잡합니다. 물리학자는 이 복잡한 세상을, 다양한 현상을 가능한 한 단순한 이론으로 설명하려고 시도합니다.

저는 하나의 이론으로 여러 현상을 이해할 수 있는 게 물리학이 가진 장점 가운데 하나라고 생각해요. 그런데 여러분이 맞닥뜨릴 미래의 환경은 어떻게 변화될지 알기 어렵습니다. 그럴수록 저는 여러분이 기초과학, 특히 물리학 분야를 공부해야 한다고 생각합니다. 기초가 튼튼해야 미래의 상황이 어떻게 바뀌더라도 흔들리지 않고 헤쳐 갈 수 있습니다. 물리학자로 살아가는 것, 제법 즐겁고 흥미롭고 할 만합니다. 여러분이 물리학자가 되는 꿈을 키워 가기를 바랍니다. 고맙습니다.

Q. 01

여름에 마당에 물을 뿌리면 온도가 낮아진다고 하셨는데, 겨울에 온도를 올리려면 어떻게 해야 할지 궁금합니다.

여름에 물의 기화열을 이용해서 공기 온도를 낮출 수 있는데요. 겨울에는 이 방법을 거꾸로 이용하면 온도를 높일 수 있습니다. 그러니까 수증기를 물방울 형태로 다시 액화시키면 그 과정에서 많은 열이 발생합니다. 사실 이 원리를 이용한 기계장치를 다들 집에서 이용하고 있습니다. 바로 라디에이터입니다. 관을 통해 수증기를 방 안의 라디에이터에 보내면 방의 낮은 온도로 말미암아 수증기가 물로 액화합니다. 그러면서 열에너지가 생겨납니다.

Q. 02

물리를 좋아하는 중학생입니다. 물리를 기초부터 공부해서 잘하고 싶은데 어떤 순서로 학습하면 도움이 될까요?

물리학을 정말 깊이 제대로 이해하려면 대학교에 가서 열심히 물리학을 공부하면 됩니다. 너무 서두르지 않았으면 좋겠어요. 중학교 때부터 아인슈타인의 상대성 이론을 공부하거나, 양자역학의 슈뢰딩거 방정식을 이해하려고 조급해하지 마세요. 여러분 시기에는 그저 과학이 얼마나 아름다운지, 자연과 우주가 얼마나 경이로운지, 물리학으로 바라보는 세상이 얼마나 흥미로운지를 충분히 느꼈으면 좋겠어요. 너무 전문적인 내용을 어린 나이에 일찍 공부하려고 애쓸 필요 없습니다.

Q. 03

물리학 수업을 들으면서 개념을 이해하고 현상을 해석하는 건 재미있고 즐거웠는데, 막상 문제를 풀려고 하면 이게 대체 무엇을 물어보는 거고 답을 어떻게 구해야 하는지 모르는 경우가 많았습니다. 대입 수능을 앞두고, 이렇게 물리 문제도 잘 못 푸는데 물리학을 선택해도 괜찮을지 의문이 듭니다. 이런 제가 물리학을 선택해도 괜찮을까요?

물리학을 더 잘 이해하기 위해서, 특히 이론 분야에서는 다양한 문제를 풀어 보는 건 좋은 방법이에요. 학생들이 물리학을 공부하면서 이론은 잘 알았는데 막상 문제를 못 풀겠다고 고민하는 경우가 많더라고요. 미안하지만, 문제를 잘 못 푸는 이유는 대부분 물리법칙과 이론을 제대로 이해하지 못했기 때문이에요. 물리 이론을 제대로 이해했는지 먼저 꼼꼼히 점검해 보세요.

만약 확실히 이해했는데도 문제를 못 풀겠다면, 시간을 여유 있게 가지고 문제 자체를 꼼꼼히 살펴보아야 합니다. 예를 들어 첫 번째 수식에서 두 번째 수식으로 넘어갈 때 어떻게 넘어갔는지, 문제가 정확히 어떤 해답을 원하는지 거듭 확인해야 합니다.

어떤 문제가 정말로 안 풀릴 때는 비슷한 유형의 문제를 풀어 보는 방법도 많은 도움이 됩니다. 그리고 문제를 풀 때는 스스로의 힘으로 풀어 보아야 합니다. 시간이 아무리 오래 걸리더라도 포기하지 마시고, 스스로 문제를 이해하고 해결해 보세요. 그러다 보면 물리학 문제가 그리 어렵지 않다는 사실을 알게 될 겁니다. 포기하지 말고 열심히 도전하세요.

Q. 04

물리학으로 많은 행동이나 반응 또는 상태 변화를 예측할 수 있다고 하는데, 꼭 수식을 이용해서 행동이나 반응을 예측해야 하나요?

물리학자는 수식 자체에 관심이 있는 게 아니라, 현상을 이해하고 싶은 거고, 현상을 이해하는 방법으로 수식을 이용할 뿐입니다. 더군다나 수식을 먼저 만들어서 자연 현상을 끼워 맞추거나 예측하지 않습니다. 수식을 이용하지 않고 자연 현상을 이해할 수 있다면 수식을 쓸 필요도 없습니다.

물리학자는 먼저 다양한 행동과 현상에서 무엇이 알고 싶은지 정확히 설정합니다. 그에 따라 어떤 정량적인 방법을 사용해서 문제를 해결해야 할지 고안하고요. 정량적으로 관찰된 현상, 객관적으로 관찰한 데이터를 얻었다면, 그때서야 비로소 이걸 설명할 수 있는 수식 혹은 이론은 어떤 걸까 고민합니다. 저를 포함한 물리학자들은 이처럼 단계적이고 순차적으로 연구합니다.

Q. 05

내년에 공대에 진학할 예정인데요. 물리학의 기본이 안 잡힌 상태입니다. 대학교에 진학하기 전에 어떤 부분을 공부하면 좋을까요?

고등학교에서 배우는 물리학 내용을 충분히 이해하고 대학에 진학하면 반드시 도움이 됩니다. 특히 공대에 진학하면 1학년 때 일반 물리학 수업을 듣게 될 거예요. 대학에서 배우는 물리학 내용을 잘 이해하기 위해서라도 지금 시간이 있을 때 고등학교 물리학 수준은 익혀 두는 게 좋습니다.

그런데 혹시라도 어렵다고 포기하지 마세요. 요즘 저를 포함한 많은 물리학과 교수들의 고민이 뭔지 아세요? '어떻게 하면 고등학생이 이해하는 수준의 물리학 강의를 잘할 수 있을까?'입니다. 고등학생 때 물리학 공부를 잘 안 하고 대학에 진학한다는 사실을 알고 있거든요. 그러니 크게 걱정할 건 없지만, 그래도 고등학교 물리학을 공부하고 오면 대학 생활에 도움이 될 거예요.

Q. 06

물리학자로서, 물리학으로 설명되지 않는 무언가를 경험하신 일이 있나요?

저는 어떤 자연 현상도 물리법칙을 거스를 수 없다고 생각합니다. 그런데 사람들이 가끔 이 말을 잘못 이해하고는 해요. 어떤 자연 현상도 물리법칙을 위배할 수 없다는 말을, 마치 모든 현상을 물리학으로 설명할 수 있다는 주장으로 오해하는 거죠. 우리는 일상생활에서 물리학으로 계산할 수 없는 다양한 상황을 맞닥뜨립니다. 그렇지만 물리학으로 설명할 수 없을 뿐이지, 물리적 원칙에 어긋나는 상황은 아닙니다.

저는 물리법칙에 위배되는 자연 현상을 한 번도 본 적이 없습니다. 물론 과학자들이 객관적으로 검증할 수 있는 조건에서 초자연적인 현상을 재현한 사람도 보지 못했습니다. 물리학자는 사람이 기적이나 마법을 일으키는 건 불가능하다고 생각합니다. 다시 한번 말하지만, 모든 현상을 물리학으로 설명할 수 있다고 주장하는 건 절대 아닙니다.

FUN&LEARN

FUN&LEARN

FUN&LEARN

행복한 미래

– 김도연 –

"내가 무엇을 좋아하는지,
내가 무엇을 이루고 싶은지 항상 생각하자.
인생의 목표를 찾아 열정적으로 몰입하며 살아간다면
행복한 삶이 우리를 기다리고 있을 것이다."

PROFILE_김도연

서울대학교 명예교수이자 울산대학교 법인 이사장, 민간 Think Tank인 태재미래전략연구원 이사장을 맡고 있다. 서울대학교를 졸업하고 한국과학기술원에서 석사 학위를, 프랑스 블레즈파스칼대학에서 박사 학위를 받았다. 1982년부터 2008년까지 서울대학교 재료공학부 교수로 근무하면서 재료미세조직 창의연구단장과 공과대학 학장을 맡았으며, 이후 교육과학기술부 장관과 국가과학기술위원회 위원장 등을 역임했다. 2008년부터 2011년까지는 울산대학교 총장, 2015년부터 2019년까지는 포항공과대학교 총장으로 근무했다. 세라믹 소재의 미세조직에 관한 연구 논문을 200여 편 발표했으며, 저서로는 《우리시대 기술혁명》《기후, 에너지 그리고 녹색 이야기》 등이 있다.

인구 변화로 본 인류 역사

반갑습니다, 청소년 여러분. 오늘 제가 이야기할 주제는 미래입니다. 미래는 여러분이 살아갈 세상이죠. 아직 오지 않은 세월입니다. 앞으로 올 세월, 미래에는 인간의 수명이 크게 늘어서 여러분은 모두 100살 이상 살아갈 거라고 합니다. 그러니까 더 행복하게 살아야 해요. 우리가 오랫동안 잘살기 위해서 미래를 조금이라도 예측할 수 있다면 얼마나 편하겠습니까? 5년 후, 10년 후까지는 아니어도 5분 후, 10분 후에 어떤 일이 일어날지만 알아도 편안하게 살 수 있겠죠. 그래서 옛날부터 사람들은 어떻게 하면 미래를 짐작할 수 있을까, 아주 많이 궁리했습니다.

그런데 놀랍게도 공자의 지혜가 참 대단합니다. 2500년이 지났는데도 오늘날까지 새겨들을 만한 말씀이 가득해요. 공자는 미래를 짐작하는 방법도 알려 줬습니다. "미래를 알고 싶으면 과거를 공부해라" 이렇게 말했습니다. 그러니까 과거의 역사를 공부하면 미래를 알 수 있다는 뜻이에요. 진짜 맞는 이야기입니다. 자, 그러면 공자의 지혜를 따라서 인류의 과거를 한번 돌아보도록 하겠습니다.

과거 역사를 여러 가지 측면에서 돌아볼 수 있겠지만, 여기에서는 큰 흐름만 간단히 살펴보겠습니다. 인류 역사의 흐름을 가장 간명하게 보여 주는 표본은 인구 변화입니다. 인구 변화를 보면서 인류 역사가 어떻게 바뀌었는지 대략 파악해 봅시다.

인구 변화 그래프를 보면, 예수가 태어난 서기 0년에 전 세계 인구는 2억 명 정도였다고 합니다. 물론 그때 인구 조사를 해서 헤아려 본 건 아니니까 추정이죠. 그 뒤로 1000년이 지나도록 인구는 늘

연도별 세계 인구 변화

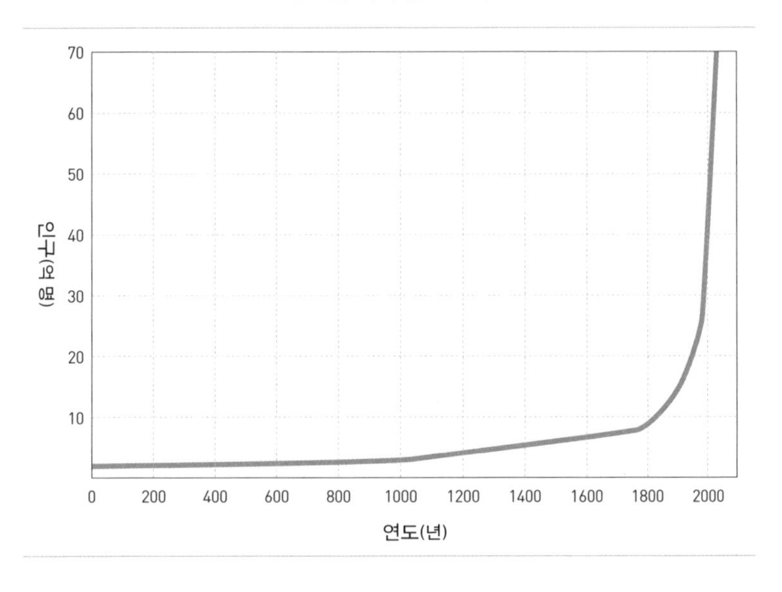

어나지 않았습니다. 1200~1400년쯤부터 조금씩 늘어나는 기미가 보입니다. 그러다가 1800년에 인구가 9억 명으로, 1900년에는 16억 명으로 빠르게 늘어났습니다. 그 이후 전 세계 인구는 꾸준히 가파르게 상승해서 2000년경에는 60억 명, 현재는 80억 명이 되었습니다. 인류의 인구 변화 역사를 보면, 공자가 말씀한 대로 미래를 짐작할 수 있습니다. 여러분이 한창 사회 활동을 할 30년 후에는 인구가 100억 명을 넘어설 게 분명합니다.

그런데 1800년경에 도대체 무슨 일이 있었기에 인구가 폭발적으로 늘어났을까요? 1800년부터 인구가 갑자기 늘어난 이유는 아주 간단합니다. 사람들이 오래 살기 시작했습니다. 이전에는 아이를 낳아도 오래 살지 못하는 경우가 많았어요. 영아 사망률이 대단히 높았고 나이가 들어서도 여러 가지 질병과 영양 부족으로 평균 마흔 살 정도밖에 못 살았어요. 수명이 늘어났다는 건, 그만큼 깨끗한 환경에서 잘 먹고 잘살기 시작했다는 뜻이에요. 그게 1800년경부터입니다. 인류의 긴 역사를 생각하면 그리 오래된 과거가 아니죠. 예를 들어, 공자와 소크라테스가 활동했던 기원전 5~6세기에도 인류의 지혜는 굉장히 발달했습니다. 인류의 인문학적 지식은 대부분 그 시기 사상가들로부터 시작됩니다. 그런데 생활 환경은 굉장히 어려웠습니다. 왜냐하면 과학과 기술, 의학이 발달하지 않았기 때문이죠.

1800년대 직전, 그러니까 17~18세기에 근대 과학과 기술이 발전하기 시작했어요. 뉴턴이 물리학·자연과학의 새로운 세상을 열었고, 와트가 증기기관을 만들면서 산업 시대의 막이 올랐습니다. 그러면서 편해지기 시작했습니다. 그리고 20세기 들어서는 과학 분야의 아인슈타인, 기술 분야의 에디슨 같은 사람들이 활동하면서 인류의 삶은 그야말로 눈부시게 바뀌었어요. 지난 과거의 인류와 비교하면, 오늘날 우리는 매우 안전하고 편하고 건강한 삶을 살고 있습니다.

산업혁명 이전 인류의 생활상

지난 1800년대부터 2000년 사이에 왜, 무엇이, 어떻게 좋아졌는지 좀 더 구체적으로 알아보겠습니다. 1700년대 후반에 놀라운 혁명이 일어났어요. 혁명이란 정치 체제나 생활 환경이 급작스럽게 바뀌는 현상을 뜻해요. 원시 시대에 인류가 수렵과 채집을 하며 떠돌아다니다가 한곳에 정착해서 농사를 짓게 된 것도 혁명이고, 고대 국가에서 왕조가 바뀌는 것도 하나의 혁명이에요. 그런데 1700년대 후반에 과학과 기술의 힘으로 산업이 폭발적으로 발전했고, 전 세계 인류의 삶을 완전히 바꾸어 놓았어요. 우리는 이 사건을 '산업혁명'이라고 부릅니다.

산업혁명 이전 사람들은 어떻게 추위를 피했을까요? 나무를 베서 장작으로 불을 때고 살았습니다. 불의 사용은 인류 역사에서 가장 위대한 발견 또는 발명이에요. 사실 불은 호모 사피엔스 이전에, 호모 에렉투스가 100만 년 전부터 사용했어요. 어쨌거나 불의 사용은 인류에게 대단한 변화를 가져왔어요. 불을 사용해서 다른 동물로부터 목숨을 지키고, 어둠과 추위를 물리쳤어요. 그리고 음식을 익혀 먹기 시작했습니다. 음식을 익혀 먹으면서 인간의 뇌가 폭발적으로 발달했다는 의견도 있어요. 날것을 먹으면 소화를 시키는 데 대부분의 에너지를 쏟아부어야 해요. 그런데 인류는 고기와 곡식을 익혀 먹으면서 짧은 시간에도 소화를 잘 시킬 수 있었어요. 영양분도 섭취가 잘됐고요. 그래서 넘쳐나는 에너지로 뇌를 발달시켰어요. 결국 불을 사용하면서 인류는 생명체 가운데 독보적인 존재가 되었다는 거죠.

우리나라는 200년 전이 아니라, 거의 50~60년 전까지 나무에 의존했습니다. 나무 땔감으로 밥을 하고, 장작으로 온돌을 데우며 추운 겨울을 났습니다. 이 밖에도 나무는 집을 짓거나 생활용품을 만드는 데도 꼭 필요한 재료였어요. 생활의 많은 부분을 나무에 의존하면서 나무를 마구잡이로 베어다 사용했어요. 그러다 보니 마을 주변의 산은 거의 나무가 없는 민둥산이었고, 먼 산에서 나무를 베어서 가져다 파는 전문적인 나무꾼도 있었습니다.

1차 산업혁명이 가져온 변화

나무 다음으로 인류가 찾아낸 에너지 자원은 석탄이에요. 석탄은 나무보다 화력도 세고 오래 지속됩니다. 인류가 석탄을 처음 발견한 건 꽤 오래전이지만, 대부분은 땅속에 깊이 묻혀 있어서 대량으로 사용하지는 못했어요. 하지만 산업혁명 전후로 땅속을 파서 지하자원을 캐내는 광산 기술이 발전하면서 상황이 바뀌었어요. 나무 대신 석탄을 태워서 불을 피웠고, 특히 석탄의 높은 화력으로 가동되는 대규모 공장도 생겨나기 시작했어요. 석탄 탄광이 생기고 석탄 생산량이 늘어나면서 사람들의 생활 환경은 한결 좋아졌어요. 그럴수록 사람들은 더 많은 석탄을 땔감으로 사용하기 위해 더 깊이 땅속을 파 들어갔어요.

아래 사진은 산업혁명 초기에 석탄을 캐던 광부들 모습입니다. 광부들이 아주 어려 보이죠? 이 시기의 웬만한 가정의 아이들은 열 살

산업혁명 초기 소년 광부들

이 넘으면 자연스레 이런 노동 현장에 나가 일을 했습니다. 산업혁명으로 유럽에서 가장 빠르게 경제 발전을 이룬 나라들의 상황이 이랬는데, 다른 나라는 어땠을지 짐작이 가죠?

그런데 광부들이 곡괭이나 삽으로 석탄을 많이 캐기 위해 땅을 깊이 파 들어가면 무슨 일이 일어날까요? 물이 고입니다. 물은 땅속으로 스며들어 낮은 곳으로 흐릅니다. 그러니 땅속을 팔수록 물이 많이 고였어요. 물 때문에 석탄을 더 팔 수가 없었어요. 이때 제임스 와트가 1784년에 증기의 힘으로 움직이는 엔진을 만들었습니다. 증기 엔진은 탄광에서 물을 퍼 올리기 위해 발명된 기계였습니다. 물론 증기기관은 제임스 와트가 혼자 만든 게 아닙니다. 몇몇 사람들이 그전부터 증기기관 아이디어를 생각했고, 제임스 와트는 그걸 바탕으로 실제 사용할 수 있는 기계로 만들었던 거죠.

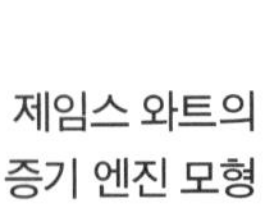

제임스 와트의
증기 엔진 모형

증기 엔진의 원리는 간단합니다. 주전자에 물을 넣고 펄펄 끓이면 뚜껑이 오르락내리락해요. 증기가 뚜껑을 밀어 올리는 힘 때문에 나타나는 현상이죠. 증기를 밀폐된 공간에 가두면 증기의 팽창하려는 성질 때문에 엄청난 압력을 일으켜요. 증기기관은 그 증기의 힘을 이용해서 엔진을 돌려요. 석탄으로 물을 끓여서 증기를 만들고, 그 증기가 밀폐된 엔진 안으로 들어가서 운동 에너지를 일으키고, 그사이 차가워진 증기는 엔진 밖으로 나오는 과정을 기계적으로 반복합니다. 증기기관은 밖에서 물을 끓여서 그 힘으로 엔진을 돌린다고 해서 '외연기관'이라고 합니다.

증기기관은 그야말로 혁명적인 변화를 몰고 왔어요. 먼저, 탄광 속 물을 퍼내서 석탄을 더 많이 캘 수 있게 해 주었어요. 증기기관은 여기에서 그치지 않고 다양하게 활용되었습니다. 무엇보다 증기기관으로 가는 기차가 만들어졌어요. 지금은 완전히 없어졌지만, 제가 어렸을 때만 해도 우리나라 모든 기차는 칙칙폭폭 기차였습니다. 증기가 들어갔다 나왔다 하면서 칙칙폭폭 소리가 나서 그렇게 불렀어요. 기차는 엄청나게 많은 사람과 물건을 한꺼번에 실어 나를 수 있어요. 수많은 사람이 앉아서 먼 거리를 이동했고, 수백 마리의 말이 옮기던 물건을 기차가 한꺼번에 실어 날랐어요. 물건과 사람이 대량으로 이동하면서 도시가 빠르게 몸집을 키웠어요. 공장에서 증기기관 기계가 상품을 대량으로 생산하면, 증기기관 기차가 이 상품을 대량으로 옮겨서 도시에 공급했습니다. 덕분에 사람들은 도시에 모여서 편안하게 생활했어요.

이 시기 사회가 겪은 급격한 변화를 '1차 산업혁명'이라고 부릅니다. 그 시절에 살던 사람들이, "우리는 1차 산업혁명 시대에 살고

증기기관 기차

있어" 하고 말한 건 아니고, 세월이 흐른 뒤에 보니까 인류 역사에서 손에 꼽을 만한 큰 변화의 시기라고 평가되어 붙은 이름입니다. 1차 산업혁명 시기, 그러니까 18세기 중엽에서 19세기 중엽까지 어떤 변화가 생겨났는지 좀 더 알아봅시다.

앞서 이야기했듯이, 우리가 쓰던 주요 에너지 자원이 나무에서 석탄으로 바뀌었습니다. 굉장히 중요한 변화입니다. 그리고 사람들이 도시로 몰려들면서 공장에서 노동력을 모아 상품을 생산할 수 있게 되었어요. 1차 산업혁명이 처음 발생한 영국에서는 가장 먼저 옷을 만드는 섬유 산업이 발달했습니다. 이전까지 사람들은 옷을 베틀로 한 올 한 올 짜서 만들어 입었어요. 옷 한 벌을 짜려면 엄청난 시간과 노력이 필요했어요. 그러다가 증기기관으로 만든 옷 짜는 기계가 발명되면서 옷을 아주 빨리, 많이 만들어 냈어요.

뒤이어 철강 산업이 발달했습니다. 철강 산업이란 철광석에서 철을 빼내서 상품을 만드는 산업을 말해요. 철강 산업에서 가장 어렵고 중요한 과정은 철광석에서 철을 빼내는 일이에요. 그러자면 먼저 용광로의 온도가 높게, 안정적으로 유지되어야 해요. 이 용광로에 철광석(Fe_2O_3)과 탄소(C), 즉 석탄 등을 함께 넣어서 철(Fe)을 분리하는 거죠. 석탄이 없었다면 철강 산업은 절대로 발전하지 못했어요. 용광로 온도를 안정적으로 높여 주는 땔감도 석탄이고, 용광로에 탄소 성분으로 넣는 코크스도 석탄으로 만들었으니까요. 석탄 덕분에 철강 산업이 발전하면서 건물·다리·배·전쟁 무기·생활용품까지 철로 만든 물건이 대량으로 쏟아져 나왔어요.

2차 산업혁명을 일으킨 검은 황금

●

전 세계가 변화의 물결에 휩싸였고 온갖 산업이 발전하면서 사람들은 훨씬 편하고 풍요롭게 살았어요. 그럴수록 많은 석탄이 필요했고, 사람들은 더 깊이 땅속을 파고 들어갔어요. 그러다가 깊은 땅속에서 석유를 만났습니다. 석탄이나 석유는 옛날 지표면에서 자라던 수목들과 바닷속 식물성 플랑크톤이 지질 변화로 땅속에 묻혀서 썩고 압축되면서 만들어졌어요. 나무와 플랑크톤은 탄소화합물로 이루어진 유기물입니다. 따라서 석탄과 석유는 모두 탄소가 주성분입니다.

석유는 한번 찾아내면 뽑아 올려서 옮기기도 쉽고 석탄보다 열효율도 좋았어요. 19세기 말엽부터 산업의 기반은 석탄에서 석유로

초기 석유 시추 장비

넘어갑니다. 먼저 석유로 작동하는 엔진이 등장했어요. 외연기관은 밖에서 물을 끓여서 생겨난 증기로 기관을 움직였잖아요. 여기에 비해 새로운 기관은 공기와 석유를 실린더에 넣어서 안에서 폭발시키고 그 에너지로 엔진을 움직이는 원리였어요. 이 엔진을 가솔린(석유) '내연기관'이라고 해요.

4행정 가솔린 내연기관은 1864년에 독일인 오토가 발명했어요. 오토는 어느 날 공장 굴뚝에 연기가 피어오르는 모습을 보고 문득 아이디어가 떠올랐다고 해요. 여러분, 이와 비슷한 이야기를 들어 본 적이 있지 않나요? 뉴턴이 어느 날 사과나무에서 사과가 떨어지는 모습을 보고 만유인력 법칙을 생각해 냈다는 이야기 말이에요. 저는 이게 사람들이 극적인 재미를 위해 꾸며 낸 이야기라고 생각해요.

내연기관이나 만유인력 법칙 같은 아이디어는 하루아침에 갑자기 튀어나오는 게 아니라 학문적·기술적 지식이 깊고 넓게 쌓여야 생겨납니다. 오토는 오랫동안 석유를 원료로 한 새로운 기관을 만들기 위해 연구했기 때문에 어느 순간 공장 굴뚝의 연기를 보면서 내연기관 아이디어가 떠오른 거죠. 마찬가지로 뉴턴도 우주와 지구의 운동 법칙을 알아내기 위해 평생을 연구하고 고민했습니다. 사과가 떨어지는 모습을 보면서 떠오른 아이디어는 그 힘겨운 과정의 한 단계일 뿐이에요. 세상을 바꾼 창의적이고 혁명적인 아이디어가 아무런 이유 없이 불현듯 찾아오는 경우는 없습니다. 어떤 문제를 깊이 생각하다 보면 잠을 잘 때 꿈에 할아버지가 나와서 가르쳐 줄 때가 있습니다. 그건 잠을 자면서도 머릿속 한편에서 그 문제를 생각하고 있었다는 뜻입니다.

내연기관이 발명되면서 가장 먼저 자동차가 빠른 속도로 발전합니다. 최초의 내연기관 자동차는 독일인 벤츠가 1885년에 만들었어요. 이때 만들어진 자동차는 오늘날 우리가 타고 다니는 자동차

4행정 내연기관 작동 순서

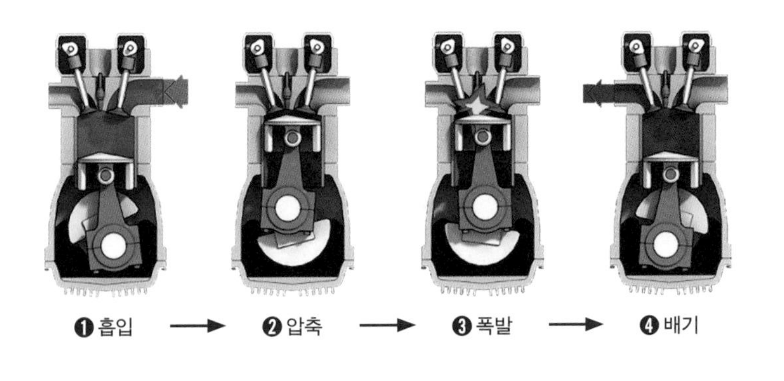

1885년 벤츠가 발명한 최초의 내연기관 자동차

1879년 에디슨이 발명한 전구

와 크게 다르지 않아요. 자동차는 사람들의 이동 속도를 혁신적으로 바꾸어 놓았어요. 걸어서 가려면 하루 종일 걸리던 길이 한 시간도 안 걸리게 됐죠. 그러면서 남은 시간을 훨씬 생산적이고 여유롭게 쓸 수 있게 됐어요.

또 하나, 내연기관 자동차보다 조금 앞서 새로운 발명품이 세상에 나옵니다. 바로 미국인 에디슨이 1879년에 발명한 전구입니다. 전구를 발명하기 전에는 밤이 되면 어둠에 싸여 거의 활동하지 못했어요. 장작불·호롱불·양초·석유램프 정도로는 좁은 방 안의 어둠도 물리치지 못했어요. 잘못하다가는 불이 나기 십상이었고, 그나마 가난한 사람들은 쉽게 구할 수도 없었어요. 그런데 전구가 나오면서 인류는 밤에도 밝고 환하게 시낼 수 있었어요. 밤에도 다양한 활동을 할 수 있게 된 거죠. 그야말로 혁명적인 변화가 일어났어요.

이처럼 석유가 석탄의 자리를 대체하면서 생겨난 변화를 '2차 산업혁명'이라고 부릅니다. 1860~1960년대까지 100여 년 이어진 2차 산업혁명을 거치며 인류는 현대 문명의 기틀을 확실하게 다졌습니다. 두 번째 큰 변화가 일어난 겁니다. 이 시기에 에너지원이 석탄에서 석유로 바뀌었어요. 그리고 자동차 산업을 비롯한 제조 산업이 내연기관을 기반으로 움직였습니다. 전기를 자유롭게 사용하고, 화학 산업이 발전한 점도 아주 도드라진 특징입니다. 1차 산업혁명을 이끈 나라가 영국을 앞세운 유럽 강대국이었다면, 2차 산업혁명은 유럽과 미국이 주도했어요.

인터넷과 스마트폰 시대

1970년대 들어 인류 역사는 또 한 번 도약합니다. 1973년에 일어났던 획기적인 사건을 하나 소개할게요. 당시 미국 모토로라 회사의 엔지니어인 마틴 쿠퍼가 무선 전화를 개발했어요.

최초의 무선 전화 개통 모습

이때는 한 사람이 새로운 물건을 발명하던 시기를 벗어났습니다. 이제는 거대 기업의 지원 아래 과학자·공학자들이 공동으로 제품을 개발했어요. 마틴 쿠퍼는 그 개발팀의 책임자였죠. 무선 전화기의 무게는 1.1킬로그램이었고, 배터리는 20분 정도 지속됐어요. 당시 가격이 4000달러였는데, 그 비용이면 서울에서 집을 한 채 살 수 있었습니다. 무선 전화는 내 전화기에서 가까운 기지국으로 전파를 보내고, 기지국과 기지국 사이는 전선으로 신호를 보낸 다음, 수신 전화기와 가까이 있는 기지국에서 전파를 보내는 원리입니다. 무선 전화 발명 이후 전기 신호를 음성이나 이미지로 바꿔서 사용하는 기술도 빠르게 발전했습니다.

뒤이어 1980년대에 개인용 컴퓨터가 집집마다 들어가고, 여기에 인터넷이 깔렸습니다. 미국의 유명 주간지 《타임》에서는 매년 첫 번째 나오는 잡지에 지난해를 돌아보면서 '올해의 인물(맨 오브 더 이어)'을 표지 사진에 넣습니다. 그런데 1983년 첫 호 잡지의 표지에는 컴퓨터 사진과 함께 '머신 오브 더 이어'라는 제목이 붙었습니다. 그러니까 컴퓨터가 사람의 역할을 대신하는 시대가 열렸음을 알리는 상징적인 표지입니다.

그리고 마침내 2007년에 컴퓨터와 인터넷과 무선 전화가 하나로 합쳐진 휴대폰이 등장합니다. 이게 얼마나 놀라운 발명품인지 단적으로 보여 드리겠습니다. 아래의 사진은 1993년에 제가 가지고 있던 전자 제품들이에요. 카메라·캠코더·전화기·전자계산기·노트북·시계가 보이죠? 이 제품들은 각각 자기만의 기능을 가지고 있었습니다. 제가 당시에 서울대학교 정교수였는데, 저런 제품을 하나씩 사려면 거의 한 달 치 봉급이 들어갔습니다. 그런데 뒤쪽의 스마트폰 사진은 30년 지난 요즘 여러분과 제가 가지고 있는 스마트폰입니다. 어떻게 됐습니까? 조그만 스마트폰 하나에 아래 제품들이 모

1993년에 사용하던 전자 제품들

두 들어왔어요. 이제 우리는 스마트폰이 없으면 살 수 없는 시대에 살고 있습니다. 정말이지 놀라운 속도로, 혁명적으로 바뀌었습니다.

2023년 스마트폰

1970년에서 2000년까지 변화의 시기를 '3차 산업혁명'이라고 부릅니다. 3차 산업혁명은 미국에서 완전히 주도했습니다. 정리하자면, 3차 산업혁명 시기에는 석유와 함께 원자력이 주요 에너지원이 되었어요. 그리고 컴퓨터와 인터넷을 중심으로 정보 통신 산업이 세계 경제의 중심으로 떠올랐습니다.

디지털 문명 시대에 행복하게 살기

그러면 2000년부터 현재까지 시기에 대해 어떤 이름을 붙일 수 있을까요? 오늘날 경제·문화·생활은 그 어떤 시대보다 더 빨리 바뀌고 있습니다. 그래서 '4차 산업혁명' 시기라고 규정할 수도 있겠지만, 그건 더 시간이 흐른 뒤에 다음 세대가 결정하겠죠.

지금 시대는 태양 에너지와 원자력 등을 안전하고 효율적인 에너지원으로 사용하는 방향으로 나아가고 있어요. 석탄과 석유의 시대가 저물고 있습니다. 그리고 정보 통신 산업은 지구촌을 하나의 생활권으로 연결해 주었어요. 이에 따라 과거 산업혁명의 무대가 유럽과 미국이었다면, 이제는 전 세계로 옮겨 갔어요. 이 과정에서 우리나라도 큰 역할을 맡고 있습니다. 우리 사회는 인공지능(AI)이 활약하는 디지털 문명 시대로 진입했습니다. 또한 융합 과학 기술로 전기·전자·기계·화학 등이 한데 어우러져 한 차원 높은 문명을 이뤄가고 있습니다.

인류의 역사를 다시 한번 크게 정리해 보면, 원시 시대부터 산업혁명 이전 시기에 인류의 삶은 아주 느리게 조금씩 바뀌었어요. 그리고 산업혁명부터 2000년까지 산업 문명 시대를 지나왔습니다. 마지막으로 2000년부터 오늘날까지 디지털 문명 시대로 바뀌고 있습니다. 말하자면 우리는 문명의 큰 틀이 뚜렷하게 바뀌는 흐름 속에 놓여 있습니다. 이 얼마나 큰 변화이고, 또 여러분의 역할이 얼마나 중요하겠습니까?

이쯤에서 제가 아주 근본적인 질문을 하나 해볼까 해요. 사실 인류가 아주 옛날부터 늘 해 오던 질문입니다. '인간이란 무엇인가?' 수많은 철학자·과학자·문학가들이 이 질문에 대해 여러 방식으로 답해 왔어요. 이 주제로 쓰인 책도 아주 많아요. 사람마다 질문에 대한 답이 다르지만, 사실 어느 시대에 어떤 상황에서 나온 주장인지 헤아려 보면 다 수긍이 가는 얘기입니다.

인간을 한자로 쓰면, 人〔사람 인〕 + 間〔사이 간〕, 이렇게 씁니다. 사람들은 人 자를 보면서 한 사람이 서 있는 모습을 보고 만든 상형문자라고 생각해요. 그렇지 않습니다. 人 자는 두 사람을 표현한 상형문자예요. 한 사람은 기대고 다른 사람은 받쳐 주는 모습이죠. 사

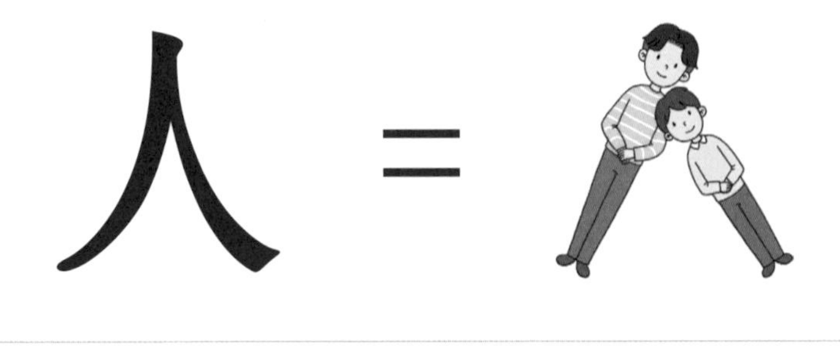

람은 절대로 혼자서 살아가지 못해요. 서로 기대고 돕고 협력하고 배려해야 합니다. 나아가 저는 間 자도 매우 중요하다고 생각해요. 인간이란 사람과 사람 사이, 즉 사람과 사람의 관계를 뜻해요. 인간은 다른 사람과 함께 행복을 느껴야 비로소 진정으로 행복해집니다. 부모님과 친구들과 행복한 관계를 유지하지 못하면 행복한 인간이 될 수 없습니다. 인간관계가 그만큼 중요합니다.

그런데 디지털 문명 시대에 '인간과 인간 사이'에는 하나가 더 추가됩니다. 디지털 문명 시대의 인간은 스마트폰으로 자신을 내보이고 소통하는 존재입니다.

스마트폰에 묻혀 사는 요즘 사람들을 풍자한 이런 만화도 있더라고요. 들판에 서 있는 허수아비를 보고 까마귀들끼리 얘기합니다. 한 까마귀가 인간인가 싶어 걱정하니까, 다른 까마귀가 스마트폰을 안 보고 있으니 인간이 아니라고 안심시킵니다. 그렇습니다. 이제 스마트폰을 안 보고 있으면 인간이 아닙니다. 사람과 사람 사이에 스마트폰이 추가되었습니다. 스마트폰이 우리나라에 들어온 지 15년쯤 됐습니다. 15년 사이에 이렇게 바뀌었습니다. 앞으로 또 얼마나 바뀔까요? 어떤 방향으로 바뀔까요? 아무도 예측할 수 없을 만큼 빠르고 다양하게 흘러갈 것입니다.

그렇지만 저는 우리가 행복해지는 방법 한 가지는 뚜렷하게 확신합니다. 디지털 문명 시대에도, 사람과 사람 사이에 스마트폰이 추가되었어도, 행복의 조건은 마찬가지라고 생각해요. 부모님과 친구들과 함께 더불어 살아가는 것입니다. 스마트폰은 사람과 사람 사이의 관계를 잇는 도구일 뿐입니다. 스마트폰을 잘 사용하면 더 넓고 더 다양하게 주변 사람들과 관계를 맺을 수도 있습니다. 그 사람들과 더불어 행복해지기 위해 노력해야 합니다. 노파심에서 이야기하자면, 스마트폰에 너무 매달리면 안 됩니다. 스마트폰이 없으면 불안하다거나 아무것도 못하는 사람이 있나요? 스마트폰은 사람과 사람 사이에 추가되는 도구이지, 궁극적으로 행복해지기 위한 목적이 되어서는 안 됩니다. 스마트폰에 중독되지 말고, 조금 거리를 두고 관리했으면 좋겠어요.

미래를 향해 열정적으로 항해하자

●

과거부터 현재까지 인류의 역사를 훑어봤으니, 이제 미래를 이야기해 볼까요? 지금까지의 흐름을 보자면, 미래 사회는 당분간 디지털 문명이 가속화될 게 분명합니다. 그동안은 인간 사회였는데 이제는 인간과 기계가 함께 사는 사회가 될 것입니다. 요즘 여러 기업에서 콴툼 컴퓨터를 연구하고 있답니다. 우리가 사용하는 컴퓨터에 비해 전산 속도가 100만 배쯤 빠르고, 기억 용량이 100만 배쯤 많은 컴퓨터라고 해요. 여기에 더해 인공지능의 발전 속도도 놀라울 뿐입니다. 이런 속도라면 인공지능과 인간의 영역을 쉽사리 구분할 수 없는 시대가 올 수도 있습니다.

새로운 디지털 기술은 이미 우리 삶에 깊숙이 들어왔어요. 요즘 자동차에는 모두 인공위성 항법 기술을 바탕으로 한 내비게이션이 달려 있어요. 내비게이션이 우리나라에 들어온 지는 겨우 20여 년 전입니다. 내비게이션이 들어오기 전에는 복잡한 지도를 보면서 길을 찾아다녔습니다. 그런데 지금은 모든 운전자가 내비게이션에 의존해요. 기계가 가르쳐 주는 대로 길을 찾아갑니다. 이건 굉장한 변화입니다. 인간 두뇌에서 공간 판단 기능 하나를 기계에 맡긴 겁니다. 앞으로는 기계에 의존할 영역이 더 많아질 게 분명해요.

비유하자면, 청소년기 학생 시절은 조선소에서 배를 만들고 항법을 익히는 때입니다. 배가 다 만들어지면 그걸 타고 항해를 떠날 거예요. 앞으로 바다를 항해하려면 배를 아주 튼튼하게 만들어야 해요. 그나마 제가 살아온 산업 문명 시대에는 바다가 비교적 잔잔했습니다. 바람도 거세지 않았고 바닷길을 어느 정도 예측할 수 있었습니다. 배를 어느 수준으로 잘 만들면 괜찮았습니다. 그런데 여러분이 항해할 바다는 거칠고 난폭합니다. 거친 파도와 폭풍우가 몰아칩니다. 잘못하다가는 내가 가고 싶은 방향으로 나아가지 못하고, 심지어 배가 부서질 수도 있습니다. 이 변화무쌍한 바다를 어떻게 하면 잘 항해할 수 있을까요?

옛말에, '어디로 가는지 모르는 배에는 어떤 바람도 우호적이지 않다'는 얘기가 있습니다. 이 말을 거꾸로 풀이하면, '내가 가야 할 목표가 확실하다면 어떤 바람도 이용할 수 있다'는 뜻입니다. 심지어 역풍이 불어도 삼각돛을 이용하면 앞으로 나아갈 수 있습니다. 그러니까 확실한 목표가 있어야 합니다. 여러분 시기에는 인생의 목표를 찾는 것이 제일 중요합니다. 인생의 목표는 자기 스스로 찾아야 합니다. 반드시 본인이 결정할 일입니다. 누구도 목표를 대신 찾아 줄 수 없습니다. 부모님도 못해 줍니다. 하나의 목표를 잡았다가 중간에 바뀌어도 괜찮습니다. 그리고 바뀌는 게 당연합니다. 중요한 건, 내가 무엇을 좋아하는지, 내가 무엇을 이루고 싶은지를 항상 생각하고 찾으려는 마음이에요. 목표만 확실하면 어떤 시도도 좋습니다.

목표를 찾았다면, 마지막으로 '어떻게 살 것인가?' 하는 문제가 남습니다. 뒤쪽 그래프는 서울대학교 재료공학부 황농문 교수가 쓴 《몰입》이라는 책에서 빌려 왔습니다. 이 그래프에서 가로축은 숙련 단계, 세로축은 도전 단계를 나타냅니다. 예를 들어, 테니스 선수가 되고 싶다면 연습을 많이 해야 합니다. 훈련을 많이 할수록 테니스 치는 기술 수준, 즉 숙련 단계가 올라가니까요. 만약 숙련 단계가 낮은데 도전 단계를 높이면 어떻게 될까요? 훈련을 제대로 하지도 않고 세계 대회에 나가면 어떻게 되겠습니까? 세로축의 맨 왼쪽 위의 상태, 즉 불안에 빠집니다. 불안해서 아무것도 못하는 거죠. 그러면 인생이 아주 불행해집니다. 반대로 숙련 단계가 높은데 동네 대회에 나가면 어떨까요? 편안하고 안전하죠. 편안하고 안전하게만 살아서는 사실 그다지 행복을 느끼지 못해요.

가로축과 세로축의 맨 안쪽 구석에는 무관심 상태가 있습니다. 아무런 숙련도, 도전도 안 하는 단계가 무관심이죠. 예를 들어, 리모컨을 만지작거리며 소파에 앉아서 멍하니 텔레비전을 보는 행위는 아

숙련과 도전의 상관관계

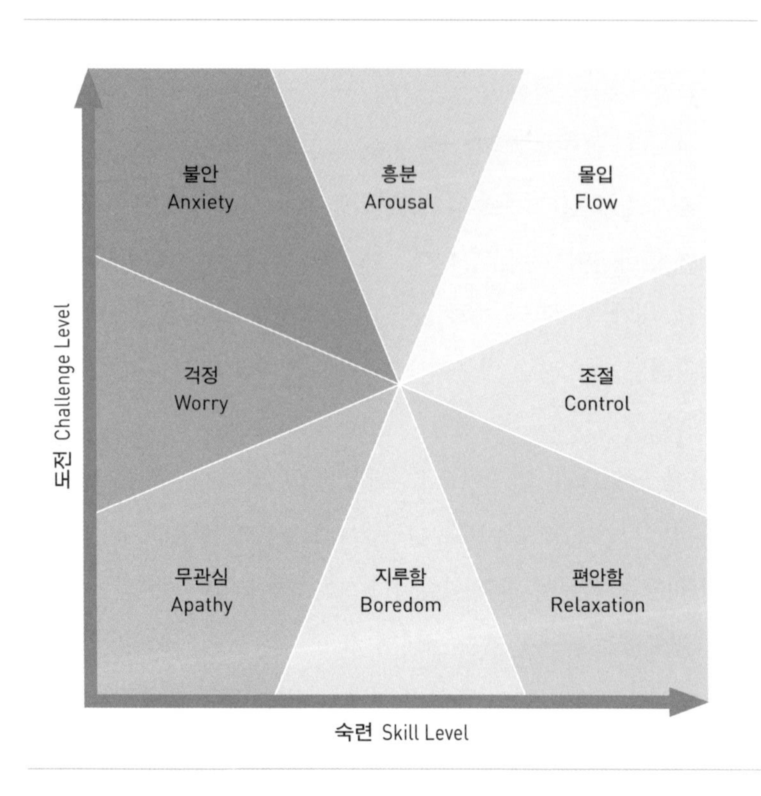

무런 훈련도 필요 없고 목표를 설정할 필요도 없죠. 무관심은 제일 안 좋은 상태입니다. 인생을 그냥 낭비하고 있을 뿐입니다.

반대로 무언가를 열심히 훈련해서 숙련 단계를 높이고, 그에 따라 도전 단계를 높여서 가로축과 세로축이 맨 바깥쪽 위에서 만나면 어떨까요? 몰입 상태에 놓입니다. 몰입 단계에 이르면 실력에 따른 성과를 얻을 수 있고, 행복감도 높아집니다. 내가 정한 목표를 이루기 위해서는 공부하고 훈련하는 과정이 필요합니다. 숙련 단계를 높이고, 그에 따라 도전 단계도 높여서 조금씩 나아가면 반드시 몰입의 상태에 이르게 됩니다. 뚜렷한 목표를 가지고 열정적으로 몰입하면서 살아간다면 행복하고 성공적인 삶이 여러분을 기다리고 있을 겁니다.

청소년 여러분은 대한민국의 미래입니다. 여러분이 행복해야 대한민국이 행복합니다. 우리가 인류의 지난 역사와 미래 사회에 대해 이야기를 나누었지만, 사실 제일 중요한 건 오늘입니다. 과거의 지나간 일을 아쉬워하며 뒤돌아볼 필요 없습니다. 과거에 아무리 좋았어도, 또는 나빴어도 그 시간으로 다시 돌아갈 수 없습니다. 오지 않은 미래를 걱정하면서 미리 고민할 필요도 없습니다. 그보다는 오늘을 행복하게 성실하게 다른 사람들과 잘 어울리면서 지내는 게 훨씬 중요해요. 오늘 하루가 행복하면 미래도 행복할 거라고 믿습니다. 여러분의 행복한 미래를 위해 오늘 하루 보람 있고 알차고 행복하게 지내기를 바랍니다.

Q. 01

행복한 미래를 위해 청소년은 어떤 노력을 할 수 있을까요?

행복한 미래를 위해서 우선은 부모, 친구와의 관계가 중요합니다. 행복한 가정과 행복한 친구 관계를 위해서 다 함께 노력해야죠. 나아가 사회에서 만나는 사람들과도 서로 배려하고 협력해야 합니다.
여러분은 현재 학생 신분입니다. 그런데 공부를 안 하면 행복한 미래는 없는 걸까요? 그렇지 않아요. 지난해에 삼성호암상을 받은 허준이 교수가 강연에서 이런 얘기를 했더라고요. "근거 없는 자신감을 가져라!" 이런 마음가짐이 중요해요. 자신감을 가지고, '오늘을 성실하게 살겠다' '오늘을 행복하게 살겠다' 이렇게 긍정적으로 생각하는 거죠. 물론 전혀 공부하지 않으면서, '좋은 학업 성적을 거둘 거야' 하고 자만하는 태도는 좋지 않아요. 하지만 여러분의 가능성을 믿고 늘 자신 있게 긍정적으로 생각하면 행복해질 수 있습니다.

Q. 02

고3 학생입니다. 대학을 꼭 가야 할까요? 요즘은 인터넷이 발달해서 대학교에 가지 않아도 정보를 얻을 수 있고 실력을 기를 수 있다고 들었습니다. 또 4차 산업혁명이 이루어지고 있는 현대사회에서 반도체나 인공지능 같은 전문 분야를 공부하지 않고서도 성공할 수 있을지 궁금합니다.

아주 좋은 질문입니다. 이런 의문을 가져 보는 것은 젊은이의 당연한 권리입니다. 그래야 합니다. 저는 스스로 자신 있고 두렵지 않다면 대학교에 가지 않아도 된다고 생각해요. 꼭 대학교에 가야 한다는 법은 없습니다. 대학교에 가기 싫은데 남들 눈치 보느라 갈 필요는 더더욱 없습니다. 다만 대학이란 인생을 설계하고 준비하는 데 도움을 주는 곳입니다. 대학에 가서 특별하고 전문적인 지식을 배우는 게 전부가 아닙니다. 학교는 기성세대의 경험과 지혜가 모인 곳입니다. 자기가 가야 할 길은 자기가 결정해야 하지만, 한편으로 앞 세대가 제안하는 여러 가지 조언과 도움을 받는 것도 나쁘지 않습니다. 대학에 다닌다고 해서 인생에 방해가 될 이유는 없어 보입니다.

7, 8년 전에 마이크로소프트사 창업자 빌 게이츠가 우리나라 대학교에 와서 강연을 했습니다. 그때 한 학생이 질문을 했어요. "나도 빌 게이츠 당신처럼 대학을 중퇴하려고 하는데, 어떻게 생각합니까?" 그랬더니 빌 게이츠가, "그러지 마세요!" 했어요. 빌 게이츠는 자신이 대학을 다니다가 그만두고 회사를 차렸을 때는 정보 통신 산업이 눈덩이처럼 커질 때였고, 그 특별한 시기와 맞아떨어져서 운 좋게 성공했다고 말했어요. 지금은 그때와 상황이 전혀 달라서 무턱대고 학교를 그만두는 건 바람직하지 않다고 생각한대요. 저도 빌 게이츠의 생각과 같아요. 아주 뚜렷한 계획이 있다거나 정말 가기 싫다거나 사회에 나가서 맨몸으로 부딪칠 자신감이 넘친다면 모를까, 굳이 대학에 가지 않을 이유가 없지 않을까요?

Q. 03

공부를 잘하고 싶은데 너무 어려워요. 어떻게 하면 공부를 잘할 수 있을까요?

저는 쫓기듯이 공부에 매달리지는 않았던 것 같아요. 앞서 이야기했듯이 산업문명 시대에는 대학교를 졸업하고 직장을 다니는 게 최고의 목표였습니다. 그래서 직장 선택에 유리한 대학을 가기 위해 노력했습니다. 지금 여러분을 둘러싼 사회적 조건과 비교하면 정말 단순했어요. 특별한 목표를 가지고 도전하지는 않았지만, 그래도 하루하루 성실하게 살았습니다. 제가 학생이던 때는 지금과는 다른 세상이었으니까, 그 경험이 정답이라고 말할 수는 없습니다. 여러분은 지금 시대에 어떤 공부를 해야 하는지, 정말 필요한 공부인지 깊이 고민해 보기 바랍니다. 그 문제가 해결되면 공부가 재미있어지지 않을까요?

Q. 04

저희가 앞으로 폭풍의 시대를 살아갈 거라고 하셨는데, 빠른 변화에 맞추어 발전하기 위해서 청소년은 어떤 마음가짐이나 태도를 가져야 할까요?

누구라도 항상 빠른 변화에 잘 발맞출 수는 없어요. 거대한 변화의 흐름에서 개개인은 번번이 낙오되고 뒤처질 수밖에 없어요. 더군다나 디지털 문명 시대는 당장 내일 어떤 변화가 일어날지 예측하기 힘들어요. 한번 멈칫할 때마다 세상은 저 멀리 앞서가고 있고요. 다들 그렇게 낙오되고 실패를 경험할 텐데, 이때 중요한 건 강인한 마음가짐입니다. 낙오되고 뒤처지더라도 전혀 좌절할 필요 없습니다. '이건 우리 시대를 살아가는 사람이라면 모두 겪는 일이다' '이 정도 실패는 아무것도 아니다' '다시 일어설 수 있다' 이렇게 스스로 다독이면서 다시 시작하는 게 중요합니다.

Q. 05

살아가면서 장애물이 생겼을 때 어떻게 극복해야 하나요?

제가 대학교수가 되고 나서 겪었던 일이에요. 나름 좋은 성과를 내고 싶어서 밤낮없이 열심히 연구했어요. 그러던 어느 날 갑자기 두통이 찾아왔어요. 별다른 이유도 없이 머리가 아주 아팠어요. 병원에서도 원인을 못 찾았어요. 하루빨리 연구 성과를 내고 싶은데 두통이라는 장벽이 가로막은 거죠. 그때부터 저는 틈나는 대로 연구실에서 빠져나와 걸었습니다. 급한 마음이 들 때마다 한두 시간 산책하고 나면 두통이 조금씩 가라앉는 듯했어요. 하루 종일 연구실에서 앉아 있을 때보다 논문도 더 잘 써졌습니다. 결국 하루에 한두 시간 여유를 가지고 걸으면서 두통도 사라지고 연구 성과도 잘 나왔어요.
장애물은 누구에게나 생길 수 있어요. 하지만 극복하지 못할 장애물은 없어요. 어떤 장애물이냐에 따라 뛰어넘기도 하고, 무너뜨리기도 하고, 또 제 경우처럼 서두르지 않고 돌아갈 수도 있어요. 여기에서 더 중요한 점은, 그 장애물을 벗어났을 때 내가 얼마만큼 성장했는지에 있습니다.

Q. 06

대학 진학 후 미래를 위한 계획을 세우고 있는데, 이상적인 꿈과 현실 사이에서 갈피를 못 잡고 있습니다. 행복을 좇기 위해서 어떤 선택을 해야 할까요? 어떻게 기준을 세워야 할까요?

남들이 보기에 그럴싸한 직장에 다니고 돈을 많이 벌면 행복할까요? 그렇지 않아요. 행복은 주관적입니다. 자기가 일에서 보람을 느끼고 마음이 편안해야 행복합니다. 예를 들어 200년 전과 현재를 비교하면, 우리는 엄청난 물질적 혜택을 누리고 있습니다. 그러면 우리는 200년 전 사람들보다 훨씬 행복할까요? 꼭 그렇지는 않아요. 저는 물질이나 돈이 행복을 결정하는 절대 기준은 아니라고 생각해요. 행복은 자기 마음속에 있습니다. 또 나뿐만 아니라 다른 사람과의 관계로부터 싹틉니다. 어떤 사람들과 어떻게 관계를 맺느냐에 따라 마음의 평화와 행복을 얻을 수 있습니다.
대다수 사람은 이상적인 꿈을 현실에서 완전히 실현하고 살지 못해요. 또 이상과 현실 사이에서 둘 중 하나를 위해 나머지 하나를 완전히 포기하면서 살지도 않습니다. 그러니까 걱정하지 않아도 됩니다. 혼자만의 고민이 아닙니다. 지금 당장 어떤 것을 목표로 삼아서 노력할지 깊이 고민하고, 나아가서는 이상과 현실이 같아지도록 열심히 노력하는 수밖에 없습니다.

FUN&LEARN
FUN&LEARN
FUN&LEARN

빛으로 전기를 만드는 페로브스카이트

– 박남규 –

“페로브스카이트 태양전지는
우연히 만들어지지 않았다.
수많은 연구와 실험 끝에 얻은 결과이다.
여러분의 꿈도 하루아침에 우연히 이룰 수는 없다.
오랫동안 열심히 노력해야 값진 결과를 얻을 수 있다.”

PROFILE_박남규

성균관대학교 화학공학부 석좌교수이다. 서울대학교를 졸업하고, 동 대학원에서 석박사 학위를 받았다. 프랑스 응집물질연구소(ICMCB-CNRS), 미국 국립재생에너지연구소(NREL)에서 박사후 연구원을 거쳤다. 한국전자통신연구원 책임연구원, 한국과학기술연구원 태양전지센터장을 역임했다. 국제 학술지 〈에이씨에스 에너지 레터스(ACS Energy Letters)〉 편집 차장을 맡고 있다. 이달의 과학기술자상(2008), 올해의 KIST인상(2009), 듀퐁 과학기술상(2010), 덕명공학상(2016), 삼성호암상(2018), 랭크상(2022)을 수상했다. 2017년 세계 상위 0.01퍼센트 연구자로 선정되어 노벨상에 접근한 과학자로 평가되고 있다.

화력 발전의 위기와 대안

여러분, 반갑습니다. 성균관대학교 화학공학부 교수 박남규입니다. 저는 오늘 여러분과 태양전지에 대해 이야기해 볼까 합니다. 그중에서도 페로브스카이트라는 물질을 이용해서 빛으로부터 어떻게 전기를 만들어 내는지, 그리고 페로브스카이트 태양전지가 어떤 과정을 거쳐 개발되었는지 알려 드리겠습니다.

우리 삶에 꼭 필요한 기본 물질로는 숨 쉴 수 있는 공기, 수분을 제공해 주는 물, 에너지를 얻는 음식을 꼽을 수 있습니다. 그다음으로 우리가 일상생활을 살아가는 데 중요한 물질은 무엇일까요? 저는 전기라고 생각해요. 전기가 왜 우리 삶에 절대적으로 필요할까요? 우리 일상생활을 둘러보면 생존에 필요한 대부분의 물건은 전기로 작동됩니다. 냉장고·텔레비전·컴퓨터·휴대폰·조명·자동차·지하철……, 모든 생활용품이 전기가 없으면 움직이지 못합니다. 전기가 없는 세상을 한번 생각해 보세요. 정말 끔찍한 일이 벌어질 거예요. 우리는 이제 전기 없이는 하루도 살 수 없습니다.

이처럼 소중한 전기는 어떻게 만들어질까요? 지금까지는 기본적으로 탄소와 산소를 태워서 나오는 열을 이용해서 전기를 만들어 냈습니다. 탄소와 산소를 태울 때 나오는 연소열로 수증기를 만들어 내고, 수증기가 터빈을 돌리고, 터빈이 코일로 만들어진 발전기에 작동해서 전기가 만들어집니다. 이걸 물리학 용어로 이야기하면 열에너지(연소열 → 수증기)가 운동 에너지(수증기 → 터빈)로 변했다가 그다음에 전기 에너지(터빈 → 발전기)로 바뀌는 에너지 변환 기술이에요. 우리는 지금까지 전기를 만들어 내는 과정에서 주로 화석 연료(석탄과 석유)를 사용했어요. 그래서 '화력 발전'이라고 부릅니다.

화력 발전으로 전기를 만드는 원리

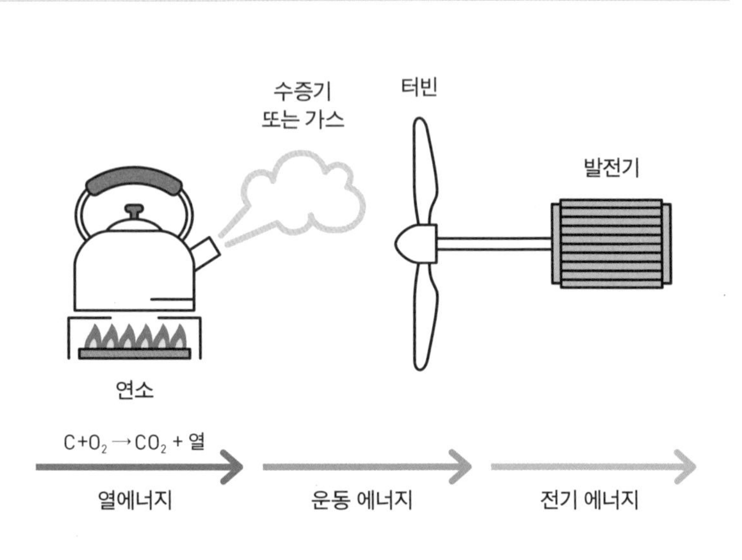

그런데 화력 발전은 무척 심각한 문제를 일으켰어요. 바로 탄소를 태우는 과정에서 이산화 탄소를 배출한다는 점입니다. 이산화 탄소는 쉽사리 분해되지 않고 온실가스층에 축적됩니다. 그 탓에 지구 온도가 점점 높아지고 있습니다. 지구 온난화 때문에 기상 이변이 일어나고 생태계가 위협받고 있어요. 기후 위기는 이제 우리가 일상에서 직접적으로 느낄 만큼 심각해졌습니다. 더 이상 화석 연료에만 기대어 전기를 만들어 낼 수는 없어요. 화력 발전을 대신할 만한 방법이 없을까요?

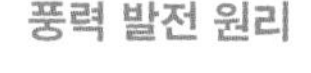
풍력 발전 원리

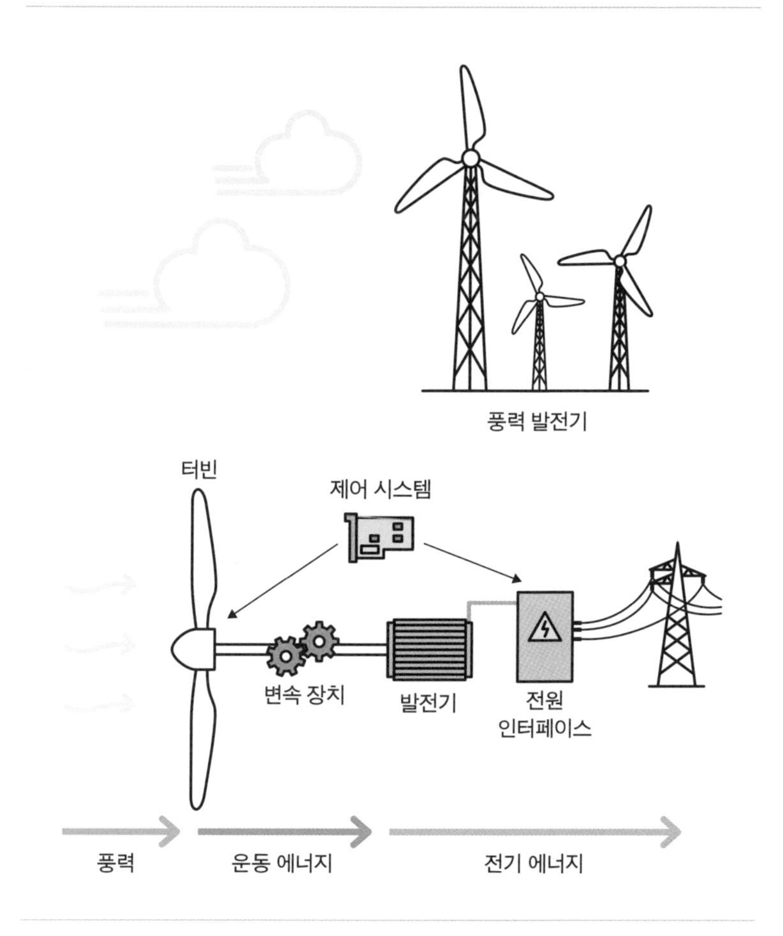

있습니다. 바로 자연 에너지를 이용하는 방법입니다. 예를 들어, 바람을 이용해서 전기를 만들 수 있습니다. 풍력 발전은 앞서 이야기한 화력 발전 원리와 비슷합니다. 바람이라는 운동 에너지로 터빈을 돌려서 전기 에너지를 만드는 거죠. 하지만 탄소가 아니라 바람을 이용한다는 결정적인 차이점이 있습니다.

태양광 발전 원리

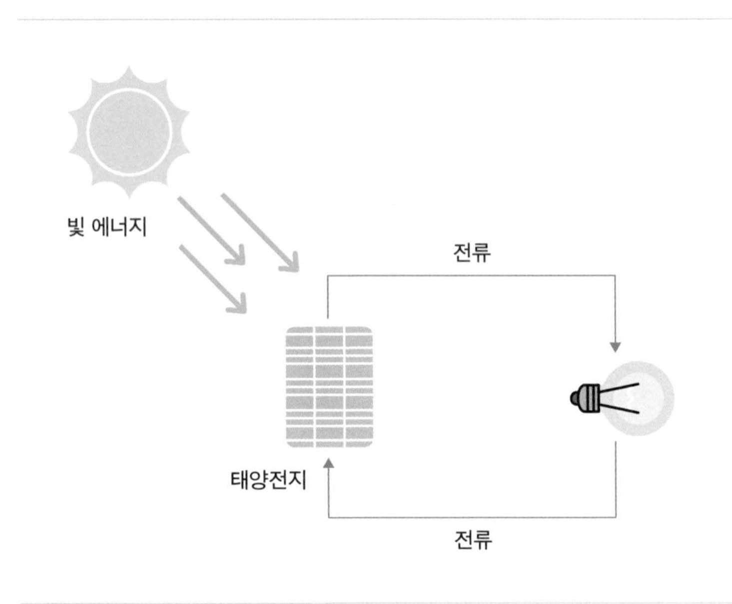

또 태양 에너지를 이용해서 전기를 만들 수 있습니다. 반도체 물질로 만든 태양전지에 햇빛이 비치면, 이때 태양전지에서 전자가 만들어지고, 만들어진 전자가 이동하면서 전류가 생겨 전기를 일으키는 원리입니다. 이 원리를 '태양광 발전'이라고 해요.

탄소는 한 번 태우면 화학 작용을 일으켜 이산화 탄소로 바뀌기 때문에 다시 에너지원으로 사용할 수 없습니다. 그러나 바람이나 태양 같은 자연은 무궁무진하게 사용할 수 있어요. 언제라도 사용 가능한 에너지원입니다. 풍력 발전이나 태양광 발전은 이산화 탄소를 배출하지 않고 전기를 만들어 냅니다. 자연을 망가뜨리지 않고 지속 가능한 상태에서 전기를 생산합니다. 이처럼 자연 에너지로 전기를 만드는 방법을 '신재생 에너지 발전'이라고 해요.

석탄과 석유가 점차 바닥나고 기후 위기가 심각해지면서 최근에 신재생 에너지에 대한 관심이 크게 늘고 있어요. 이윤에 민감한 기업조차 인식이 바뀌고 있고요. 요즘 우리 주변에 전기 자동차가 많이 눈에 띄지 않나요? 전기 자동차를 달리게 하는 동력은 배터리예요. 배터리는 외부의 전기 에너지를 화학 에너지로 바꾸어 저장해서 사용하는 장치예요. 전기 자동차에 들어가는 배터리는 아주 높은 기술적 완성도를 요구합니다. 따라서 전기 자동차용 배터리를 전문으로 생산하는 기업이 따로 있습니다.

그런데 요즘 전기 자동차를 생산하는 기업에서는 배터리를 생산하는 기업에 신재생 에너지로 만든 배터리를 공급해 달라고 주문한다고 해요. 아직 화석 연료로 만든 배터리 제작 비용이 더 싸지만, 멀리 보자면 신재생 에너지로 만든 배터리가 기업에 더 이익이라는 사실을 깨달은 거죠.

자동차 분야뿐만 아니라 대다수 기업이 화석 연료 고갈과 기후 위기 상황을 민감하게 받아들이고 대안을 마련하기 위해 노력하고 있습니다. 그야말로 기업 생태계가 완전히 바뀌는 중입니다. 이처럼 기업이 신재생 에너지만을 100퍼센트 이용해서 제품을 생산하자는 'RE100' 캠페인이 활발하게 진행되고 있어요. 2022년까지 360개 이상의 세계 여러 기업이 RE100 운동에 참여하고 있답니다. 만약 세계적인 기업들이 모두 RE100 운동에 참여하면 어떤 효과가 생겨날까요? 신재생 에너지 비율이 많게는 50퍼센트까지 상승하고, 이산화 탄소 배출량을 15퍼센트 정도 줄일 수 있다고 해요.

화석 연료에서 신재생 에너지로

과학자들도 기후 변화에 관심을 가지고 대안 에너지를 찾기 위해 연구하고 있어요. 예를 들어, 2015년에 노벨 물리학상을 받은 가지타 타카아키 박사는 한 언론사와 인터뷰에서 이런 이야기를 했어요. "기초과학은 인류의 지식이며, 한국이나 일본처럼 경제적 여유가 있는 국가들은 기초과학 분야에 투자할 의무가 있다. 지구 온난화와 기후 변화 문제에 각국 과학자들도 적극 나서야 한다"

경제 분야에서도 같은 움직임이 일어나고 있습니다. 예일대 교수 윌리엄 노드하우스와 뉴욕대 교수 폴 로머는 지속 가능한 경제 성장을 창출하는 방법에 기여한 공로로 2018년 노벨 경제학상을 받았습니다. 노드하우스 교수는 온실가스 배출 때문에 생겨난 문제를 효과적으로 대처하기 위해 각 나라에 탄소세를 부과하자고 주장했어요. 또 폴 로머 교수는 경제가 성장하는 핵심은 외부가 아니라 내부의 지식과 기술이며, 이러한 내생적 성장을 통해 지속적으로 발전할 수 있다고 말합니다. 두 경제학자의 이론을 종합하면, 지속 가능한 경제 성장은 기후 변화에 대응하는 신기술 개발을 통해 실현된다고 이야기할 수 있습니다. 최근 경제학 연구의 주요 흐름이 이렇게 나타나고 있어요.

또한 2021년 노벨 물리학상도 기후 변화와 관계된 두 분이 수상했어요. 프린스턴대 슈크로 미나베 교수와 막스플랑크연구소 클라우스 하셀만 박사는 공동으로 지구의 복잡한 기후 변화를 분석하는 기후 모델 이론을 제시했어요. 그동안 노벨 물리학상은 지구 과학 분야의 과학자에게 수여된 적이 없는데, 이번에 그 규칙 아닌 규칙이 깨진 거예요. 기후 변화 문제를 얼마나 심각하게 바라보는지 뚜렷이 보여 주는 사례입니다.

좀 다른 이야기지만, 노벨상 앞면에는 알프레드 노벨의 얼굴이 새겨져 있는데요. 뒷면에는 그리스어로 '경지에 이른 재능이 삶을 풍요롭게 한다'고 쓰여 있어요. 과학 기술과 인문학적 성취는 인류의 삶을 풍요롭게 하는 데 궁극적인 목적을 두어야 한다는 뜻입니다. 인류의 삶을 더욱 풍요롭게 하는 새로운 기술에 우리가 관심을 가져야 하는 이유가 바로 여기에 있습니다.

새로운 기술은 대체로 하루아침에 중심 흐름으로 자리 잡을 수는 없어요. 마치 화학 반응처럼 일정한 단계를 거치기 마련입니다. 뒤쪽의 위는 어떤 물질의 화학 반응을 나타낸 화학식이에요. 화학식의 왼쪽은 반응물의 분자 상태, 오른쪽은 생성물의 분자 상태를 나타냅니다. 반응물에서 생성물로 화학 반응할 때 반드시 중간 단계를 거쳐요. 이 중간 단계를 '전이 상태'라고 합니다. 반응물에서 생성물로 변화하는 전이 상태를 다른 시각으로 보자면, 두 물질이 아주 짧은 시간 동안 공존하는 상태입니다. 반드시 전이 상태를 거쳐야 생성물이 나옵니다.

새로운 기술이 사회의 중심으로 들어오는 과정도 화학 반응과 다르지 않아요. 예를 들어, 우리는 지금껏 석유를 에너지원으로 삼은 내연기관 자동차를 이용했어요. 지난 200여 년 동안 내연기관 기술이 주류를 이루었습니다. 그런데 자동차에 관심이 있는 사람이라면, '하이브리드 자동차'라는 말을 들어 봤을 거예요. 하이브리드 자동차는 내연기관 엔진도 쓰고 전기 배터리도 사용합니다. 하이브리드 자동차는 화학 반응에 비유하자면 전이 상태입니다. 전이 상태

물질의 전이 상태와 기술 변화 과정을 나타낸 그래프

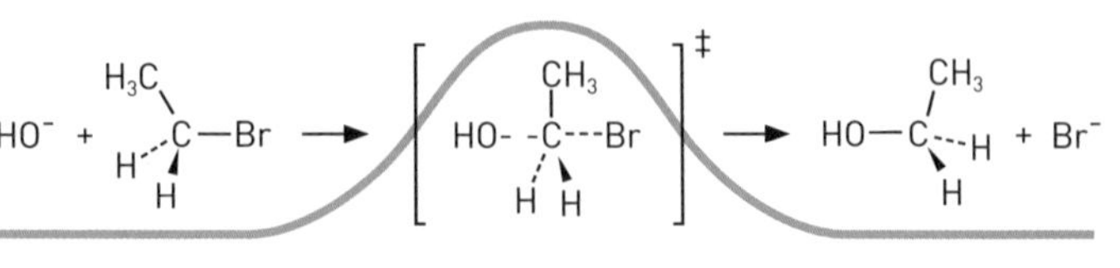
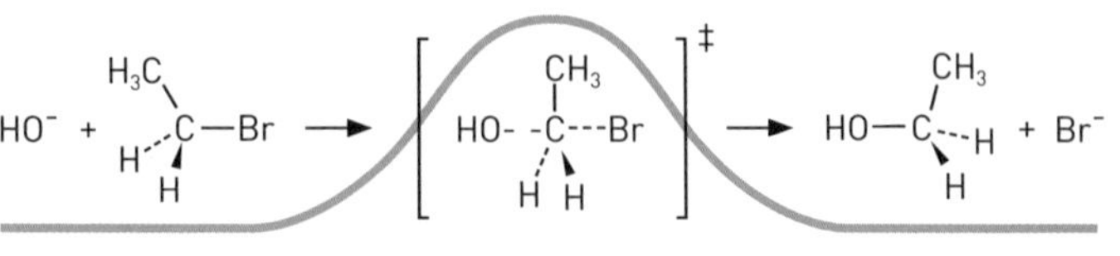

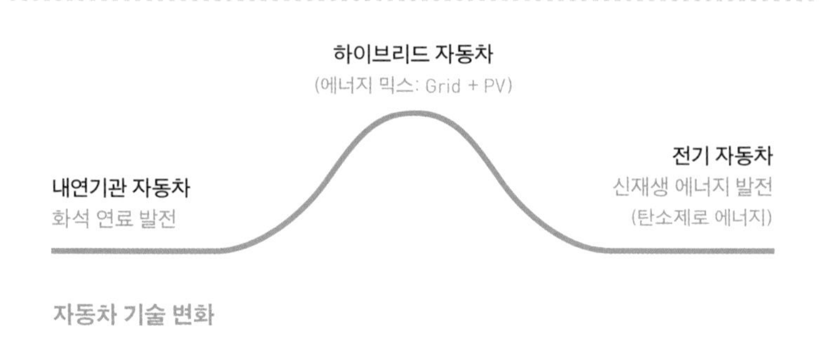

를 꼼꼼히 살펴보면 어떤 생성물이 나올지도 예측할 수 있어요. 하이브리드 자동차를 보면 내연기관 자동차는 반응물이고, 전기 자동차는 생성물입니다. 전기 자동차는 빠르게 자동차 산업 분야의 중심 흐름으로 진입하고 있어요.

화석 연료 발전에서 신재생 에너지 발전으로 변화하는 과정도 마찬가지예요. 두 에너지 사이의 중간 단계에는 '에너지 믹스'라는 전이 상태가 존재해요. 즉 화석 연료로 만드는 전기와 신재생 에너지로 만드는 전기를 혼용하는 방식이죠. 미지않은 미래에 결국 신재생 에너지가 주류를 이룰 게 분명합니다.

태양전지 기술의 발전 가능성

앞서 대표적인 신재생 에너지로 풍력 발전과 태양광 발전을 이야기했는데요. 그중에서 태양광을 이용한 태양전지 기술에 대해 좀 더 자세히 알아보겠습니다. 다른 에너지와 마찬가지로 태양전지 기술이 실용화되려면 변환 효율성이 가장 중요해요. 즉 최대한 좁은 면적에서 최대한 많은 전기 에너지를 만들어 내야 해요. 다음으로 설비 가격이 비싸지 않아야 해요. 전기를 만들어 내기 위한 장치가 비싸면 발전 단가가 높아질 수밖에 없어요. 태양전지 기술은 기본적으로 두 가지 조건을 만족시키는 방향으로 개발되고 있어요.

화석 연료와 태양전지 전기 생산 단가 변화 그래프

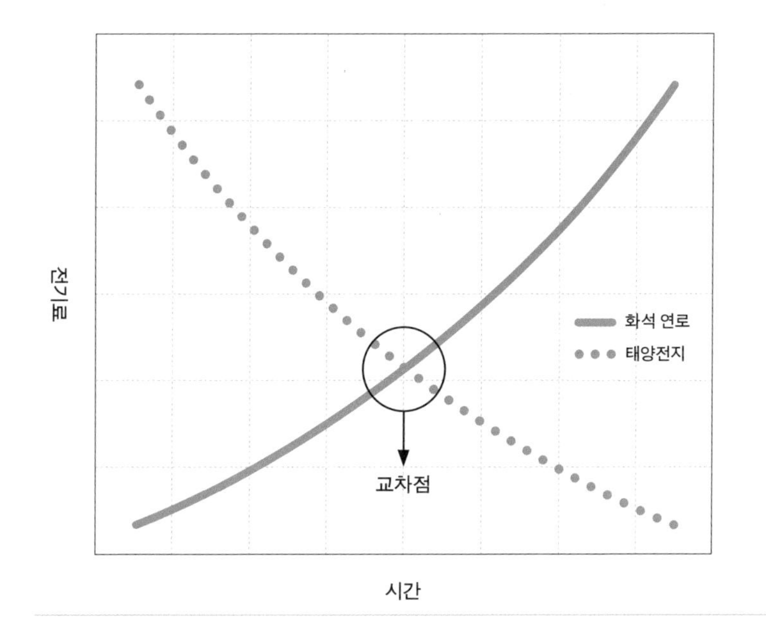

앞의 그래프에서 실선은 기존 화석 연료를 이용해서 전기를 만들 때 드는 비용(전기료)을, 점선은 태양전지를 이용해서 전기를 만들 때 드는 비용을 나타냅니다. 시간이 지날수록 화석 연료는 전기료가 점점 비싸지고, 태양전지는 점점 저렴해지고 있습니다. 이런 추세라면 실선과 점선은 어느 시기에 교차점이 생길 수밖에 없어요. 즉 두 에너지의 전기료가 같아지는 거죠.

두 에너지의 발전 단가가 같아지는 전이 상태를 지나면, 화석 연료 전기료와 태양전지 전기료는 빠르게 격차가 생길 거예요. 왜냐하면 화석 연료는 점점 자원을 구하기 어려워지고, 태양전지 기술은 점점 발전하고 있으니까요. 태양전지 기술이 어느 정도 발전했으며, 언제쯤 화석 연료 전기를 대체할 수 있을까요?

태양전지의 작동 원리는 간단해요. 태양빛이 반도체 물질로 들어오면, 반도체 물질에서 전자가 나와서 도선을 타고 전기를 만들어냅니다. 그리고 그 전자는 다시 반도체 물질로 들어갑니다. 이 과정에서 별도의 화학 반응이 필요하지 않고, 오직 태양빛과 반도체 물질로만 전기를 만듭니다. 그러면 태양전지에 쓰이는 반도체 물질은 어떻게 만드는 걸까요?

실리콘 반도체는 가전자대(밸런스 밴드, VB)와 전도대(컨덕션 밴드, CB)가 형성되고, 두 밴드(전자 띠) 사이에는 간극(갭, Eg)이 있습니다. 이 갭에는 에너지가 생겨납니다. 왜냐하면 가전자대에는 전자가 많고 전도대에는 전자가 거의 없는데, 따라서 두 밴드 사이의 간극에 에너지 차이(갭 에너지)가 생겨나기 때문이에요.

전도대는 전자가 거의 비어 있어서 자유전자가 자유롭게 흘러 다니는 일종의 고속도로입니다. 태양전지가 작동하려면 먼저 가전자

태양전지 작동 원리

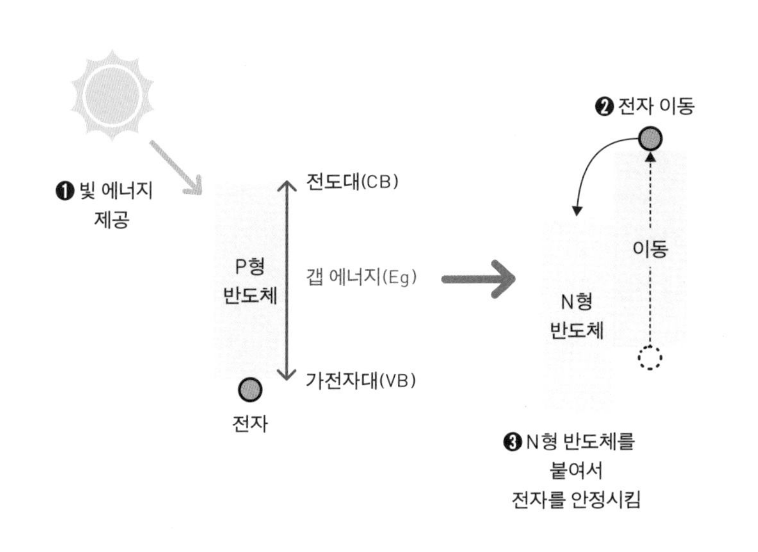

대에 가득 찬 전자를 전도대로 끄집어 올린 다음, 밖으로 내보내야 합니다. 그러자면 열역학 법칙에 따라 가전자대의 전자가 갭 에너지만큼의 에너지를 가져야 해요. 태양전지는 태양으로부터 필요한 에너지를 받습니다. 태양빛이 반도체에 충분한 에너지를 주면, 가전자대의 전자가 들떠서 전도대로 올라갑니다.

그런데 전도대로 올라온 전자를 그대로 두면 불안정한 전자가 다시 원래 상태로 되돌아가려고 합니다. 전자가 가전자대로 돌아가 버리면 도선 밖으로 전자를 끄집어낼 수 없어요. 그래서 반도체 옆쪽에 N형 반도체를 붙여서 전자를 안정시킵니다. 정리하자면, 태양전지 반도체 물질은 P형 반도체와 N형 반도체를 접합하는 기술로 만들어집니다.

페로브스카이트 태양전지

이처럼 태양전지는 반도체의 성질을 이용해서 만들어집니다. 오늘날 반도체 기술 수준으로는 일정한 수준의 태양전지를 그리 어렵지 않게 만들 수 있어요. 문제는, 앞서 이야기했듯이, 에너지 변환 효율입니다. 그러니까 유입된 태양 에너지를 가지고 얼마만큼의 전기 에너지를 생산할 수 있느냐가 관건입니다. 예를 들어 1제곱미터 태양전지 패널에 1000와트의 태양 에너지를 받아서 100와트의 전기를 생산했다면, 이 태양전지의 변환 효율은 10퍼센트입니다. 식으로 정리하면 이렇습니다.

$$\text{태양전지 변환 효율}(\%) = \frac{\text{생산된 전기 에너지}}{\text{입사된 태양 에너지}} \times 100$$

태양전지의 효율을 높이려면 어떻게 해야 할까요? 효율을 높이기 위해서는 두 가지 방법이 있습니다. 하나는 태양전지를 만드는 가격 단가를 낮추는 방법입니다. 오른쪽 그래프에서 가로축은 단가를 나타냅니다. 다음으로는 태양전지의 효율을 높이는 기술을 개발하는 방법입니다. 그러니까 적은 예산을 이용해서 많은 에너지를 만드는 기술을 개발할수록 발전 단가가 낮아집니다. 발전 단가가 낮다면 결국 낮은 가격에 전기를 사용할 수 있다는 뜻입니다.

사실 이 두 가지 방법은 모두 태양전지에 사용되는 실리콘 물질과

태양전지 효율 그래프

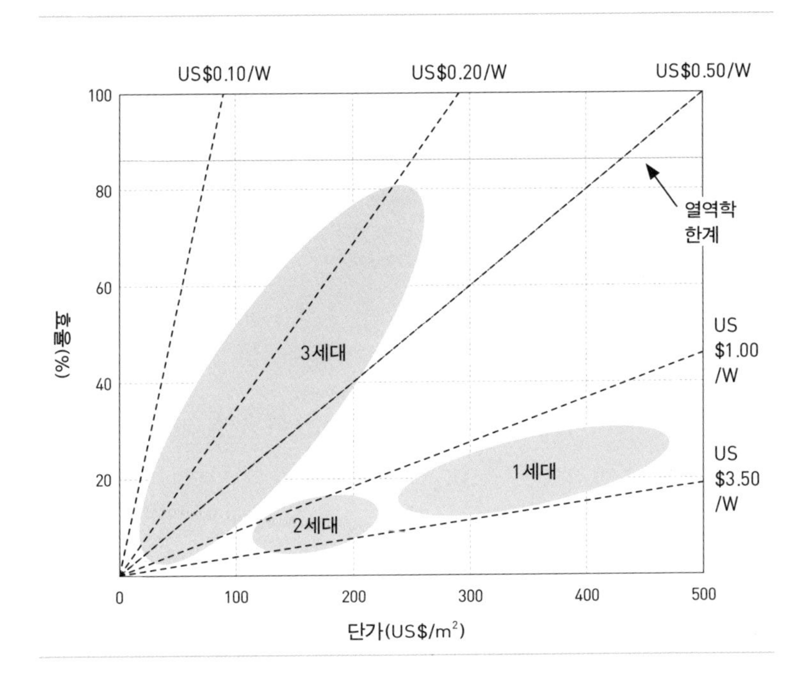

직접적으로 관련이 있습니다. 지금까지 태양전지에 사용된 반도체는 실리콘, 갈륨비소 같은 물질이었습니다. 실리콘 태양전지는 현재 변환 효율이 26퍼센트 정도 나옵니다. 그런데 최근에 태양전지를 만드는 새로운 물질을 찾아냈어요. 바로 '페로브스카이트'라는 물질입니다.

페로브스카이트 태양전지는 태양 에너지에서 전기 에너지로 변환하는 효율이 현재 25.7퍼센트입니다. 실리콘 태양전지 변환 효율과 거의 같습니다. 그런데 페로브스카이트로 태양전지를 만드는 비용은 실리콘 태양전지를 만드는 비용보다 훨씬 저렴해요. 게다가 태양전지의 변환 효율을 증가시키는 기술의 발전 속도도 뚜렷한 차이가 납니다. 실리콘 태양전지는 연평균 2퍼센트 미만으로 발전하고 있어요. 그런데 페로브스카이트는 연평균 거의 10퍼센트씩 발전하고 있습니다. 이처럼 태양전지 변환 효율이 빠르게 발전한 경우는 지금까지 없었어요. 그 이유는 바로 페로브스카이트라는 물질이 가진 매우 독특하고 우수한 성능 때문이에요.

독일 과학자 구스타프 로제는 1839년에 우랄산맥에서 칼슘(Ca), 타이타늄(Ti), 옥사이드(O_3)가 결합한 무기화합물 페로브스카이트를 최초로 발견했어요. 오늘날 페로브스카이트는 같은 형식의 결정 구조를 가진 물질을 함께 일컫는 용어로 쓰이고 있습니다. 페로브스카이트는 일반적으로 'ABX_3'라는 화학식으로 나타냅니다. 여기에서 A와 B는 크기가 매우 다른 양이온이고, X_3는 두 양이온에 결합한 세 개의 음이온이에요. 페로브스카이트 중앙의 양이온(A)은 메틸암모늄(CH_3NH_3) 같은 유기물이고, 각 꼭짓점의 양이온(B)은 납

페로브스카이트 ABX_3 구조

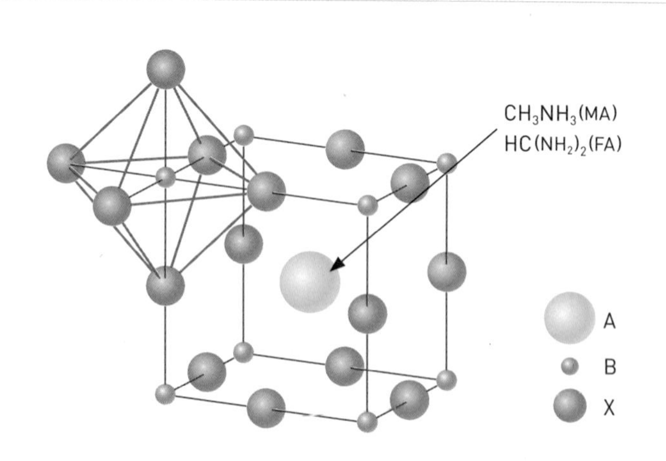

이나 주석 같은 금속이고, 음이온(X_3)은 요오드 같은 할로겐 원소가 자리합니다. 또 A 양이온은 12개의 X 음이온과 결합하여 입방 팔면체 구조를, B 양이온은 6개의 음이온과 결합하여 팔면체 구조를 가집니다.

이런 페로브스카이트의 구조는 앞서 이야기한 반도체의 성질을 띱니다. 즉 두 전극 사이에 페로브스카이트를 끼워 넣은 다음, 태양 에너지가 유입되면 페로브스카이트에서 전자 정공 쌍이 생성되며, 전도대의 전자는 앞쪽 전극으로 이동하고 가전자대의 정공은 뒤쪽 전극으로 이동하여 외부로 전기가 생성됩니다. 물론 중간에 몇 단계를 더 거치지만, 원리는 이처럼 간단합니다. 페로브스카이트는 태양 에너지에 잘 반응하고, 메틸(CH_3), 암모니아(NH_3), 납(Pb) 같은 화합물도 손쉽게 구할 수 있고, 만들기도 쉬워요.

페로브스카이트 태양전지 개발 과정

여기서 잠깐 개인적인 이야기를 하자면, 저는 1997년부터 미국 국립에너지연구소에서 태양전지를 개발하기 시작했어요. 이때는 염료 감응형 태양전지를 만들었어요. 이산화 타이타늄(TiO_2) 나노 입자 표면에 유기 염료를 입혀서 태양전지를 만드는 기술입니다. 그런데 염료 감응형 태양전지는 에너지 변환 효율이 높지 않았어요. 아무리 기술을 발전시켜도 10여 년 동안 효율이 12퍼센트 수준에 머물렀습니다. 유기 염료가 태양 에너지를 흡수하는 능력이 떨어지기 때문에 생겨나는 근본적인 한계였어요.

유기 염료가 문제라면 어떻게 해결해야 할까요? 당연히 유기 염료를 대신할 물질을 찾아야죠. 일반적으로 대다수의 무기물질은 유기물질보다 빛 흡수량(흡광 계수)이 10~100배 정도 높습니다. 그래서 저는 우리나라에 돌아와서도 태양전지에 쓰일 무기물질을 찾기 위해 연구했어요.

그러던 2007년에 스위스에서 열린 '나노유로 2007' 학회에 초청받았어요. 거기서 저도 발표자로 나서서 우리나라 태양전지 기술 개발 현황을 소개했는데요. 그 자리에서 일본에서 온 츠토무 미야사카 교수가 유기 염료 대신에 페로브스카이트 감응 태양전지 기술을 개발했다고 발표했어요.

그런데 미야사카 교수가 개발한 페로브스카이트 태양전지는 변환 효율이 2~3퍼센트밖에 안 되었어요. 염료 감응형 태양전지보다 효율이 훨씬 낮았던 거죠. 학회에 참석한 사람들은 낮은 효율 때문에 미야사카 교수의 발표 내용에 별로 관심이 없는 눈치였어요. 하지만 저는 이 기술이 매우 흥미로웠어요. 태양 에너지를 전기로 바꾸는 효율을 높일 가능성이 많다고 생각했기 때문이에요.

사실 저는 과거에 석사와 박사 과정 동안 페로브스카이트에 대해 연구했었거든요. 아는 만큼 보인다는 말처럼, 저는 페로브스카이트 태양전지의 변환 효율을 높일 가능성이 보였어요. 한국으로 돌아오자마자 저는 페로브스카이트 태양전지를 실험했습니다. 우리 연구팀은 페로브스카이트 태양전지 효율을 3~6.5퍼센트까지 끌어올렸지만, 불행히도 난관에 부딪혔어요. 페로브스카이트는 소금 같은 성질이 있어서 물이나 극성 용매에 잘 녹아 버렸어요. 페로브스카이트를 기존 염료 감응형 태양전지 구조 안에 끼워 맞추면서 발생한 문제였어요. 염료 감응형 태양전지에 쓰이는 유기 염료는 극성 용매로 만들었거든요. 따라서 페로브스카이트가 유기 염료(극성 액체)에 녹을 수밖에 없었어요.

페로브스카이트 태양전지에 액체 전해질(극성 용매)을 넣으면 30분도 지나지 않아 금방 녹아 버렸어요. 30분도 못 버티는 태양전지는 도저히 실용화할 수 없어요. 그래서 우리 연구팀은 액체 전해질을 과감하게 포기하고, 그걸 대체할 만한 고체 물질을 찾기 시작했어요. 첫 번째로 고분자 홀 전달체(P_3HT)를 대신 적용해 보았어요. 실험은 성공적이지 못했습니다. 태양 에너지를 받아서 촉매 역할을 하는 이산화 타이타늄의 나노 입자 크기의 다공질에 분자량이 큰 고분자가 들어가지 못했기 때문이었습니다. 그래서 두 번째로 고분자 홀 전달체 대신 단분자 홀 전달체(Spiro-MeORAD)를 적용해 보았습니다. 이번에는 다행히 실험이 성공적이었어요. 드디어 액체 전해질을 쓰지 않고 페로브스카이트 태양전지를 작동시킬 수 있는 기술을 개발한 것입니다.

그런데 여기에서 또 다른 문제가 생겼습니다. 페로브스카이트 성분을 많이 추가하기 위해 필름 두께를 두껍게 만들어도 효율이 올라가지 않았습니다. 일정한 지점에서 정체되는 현상이 나타났어요. 다시 또 난감한 상황에 놓인 거죠. 어떻게 이 문제를 해결해야 할까요?

앞서 이야기했듯이, 페로브스카이트는 흡광 계수가 기존 유기 염료에 비해 10배가 넘어요. 이처럼 흡광 계수가 높은 물질에는 비어-람버트 법칙을 적용해야 합니다. 비어-람버트 법칙이란 흡수층의 두께는 흡광 계수와 반비례한다는 법칙이에요. 흡수층의 흡광 계수

이산화 타이타늄(TiO_2) 필름 두께에 따른 변화

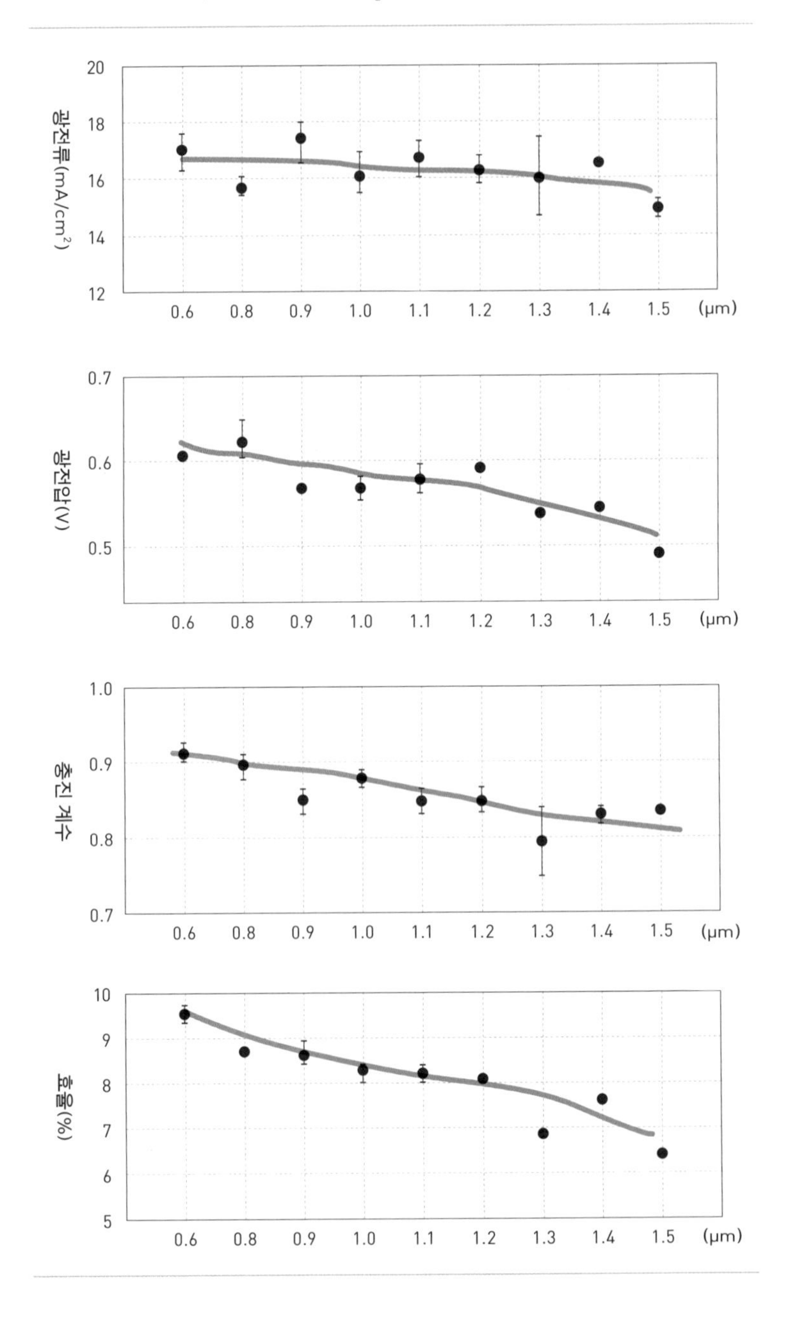

가 클수록 두께가 줄어듭니다. 비어-람버트 법칙을 적용해서 효율을 10배로 높이려면, 빛을 흡수하는 필름의 두께를 10배로 줄이면 됩니다. 우리 연구팀은 이산화 타이타늄 필름의 두께를 늘리지 않고 오히려 줄이는 기술을 개발해서 실험해 보았습니다.

이 실험 결과 저희 예측이 틀리지 않았습니다. 왼쪽 그래프에서 보듯이 필름 두께가 줄어들수록(가로축) 전압이 점차 증가했고, 효율도 높아졌습니다. 우리 연구팀은 이산화 타이타늄 필름의 두께를 0.6마이크로미터까지 줄여 갔습니다. 이에 따라 전압은 점차 높아졌어요. 이 과정에서 전류는 손실이 거의 없었습니다. 왜냐하면 흡광 계수가 높기 때문이죠. 결국 우리 연구팀은 2012년에 변환 효율이 10퍼센트에 이르고, 500시간 동안 안정성을 유지하는 고체형 페로브스카이트 태양전지를 개발해 냈습니다.

페로브스카이트 태양전지의 미래

페로브스카이트 태양전지의 구조를 한번 살펴볼까요? 뒤쪽을 보면 아래부터 유리, 투명 전극(FTO), 전자 전달체(이산화 타이타늄 나노 입자 필름), 페로브스카이트, 단분자 홀 전도체, 금속 전극(금)으로 구성되어 있어요. 아래쪽 투명 전극에서는 전자를 뽑아내고, 위쪽 금속 전극에서는 정공(홀)을 뽑아내서 전기를 생산하는 거죠.

고체형 페로브스카이트 태양전지 기술은 태양전지 분야의 큰 흐름을 바꾸고 있습니다. 고체형 페로브스카이트 태양전지는 원료도 값싸고 제조 공정도 매우 단순해서 실리콘 태양전지의 10분의 1 가

페로브스카이트 태양전지 구조

격으로 만들 수 있습니다. 또 실리콘 태양전지보다 뛰어난 효율을 가졌습니다. 경제성·효율성·안정성 측면에서 인정받았고, 이를 바탕으로 발전된 기술을 개발할 가능성도 높습니다. 덕분에 2017년에는 토인요코하마대 미야사카 스토무 교수, 옥스포드대 헨리 스네이스 교수와 함께 제가 노벨 화학상 수상 후보자로 선정되기도 했습니다.

지난 10여 년 동안 페로브스카이트 태양전지의 변환 효율은 9.7퍼센트에서 25.7퍼센트까지 급격하게 상승했어요. 태양전지 물질 중에서 유래를 찾을 수 없는 기술 발전입니다. 그럼 페로브스카이트 태양전지는 앞으로 어떻게 발전해 갈까요?

먼저, 에너지 변환 효율을 높이기 위한 기술 개발이 이루어질 것입니다. 이론상으로 페로브스카이트 태양전지 효율은 30퍼센트를 넘을 수 있습니다. 저는 머지않은 미래에 이걸 실제로 실현할 수 있다고 믿어요. 설비 비용이 매우 저렴하고 태양 에너지의 30퍼센트를 전기로 전환해서 사용할 수 있다면, 새로운 신재생 에너지 시대가 열리는 셈입니다.

다음으로, 페로브스카이트 태양전지는 다양한 분야에 응용될 가능성이 많아요. 예를 들어 인공위성에는 반드시 태양전지가 장착됩니다. 인공위성이 오랜 시간 지속적으로 작동하기 위해서 태양전지는 필수 장치입니다. 페로브스카이트 태양전지를 좀 더 효율이 높고 가볍게 만들 수 있다면 기존 태양전지를 대체할 수 있겠죠. 또 발전 시설 인프라가 갖추어지지 않은 지역이나 개인 주택에 간단하게 설치해서 전기를 풍부하게 공급할 수도 있습니다. 이처럼 페로브스카이트는 태양전지 분야에서 게임 체인저가 될 것입니다.

지금껏 살펴보았듯이, 고체 페로브스카이트 태양전지는 우연히 만들어지지 않았어요. 염료 감응 태양전지 경험을 바탕으로, 더 높은 효율을 내기 위해 수많은 소재를 연구하고 실험한 끝에 새로운 기술 개발에 성공한 거죠.

여러분도 저마다 이루고 싶은 꿈이 있을 거예요. 그 꿈은 하루아침에 우연히 이룰 수 없어요. 오랫동안 열심히 노력해야 값진 결과를 얻을 수 있습니다. 나아가 여러분 가운데 누군가가 페로브스카이트 태양전지에 관심을 가지고 공부해서 나중에 멋진 기술을 개발한다면 더 바랄 게 없겠습니다.

Q. 01

페로브스카이트 태양전지가 현재 보완되거나 개선되어야 할 기능은 무엇인가요? 또 태양전지 기술 관련해서 우리나라가 어떤 방향으로 기술을 개발해야 할까요?

페로브스카이트 태양전지는 실리콘 태양전지와 비교해 에너지 변환 효율은 비슷하고, 제조 비용은 훨씬 저렴합니다. 그런데 왜 페로브스카이트 태양전지로 당장 바뀌지 않는 걸까요? 실리콘 태양전지는 비바람이나 기온 변화 같은 외부 환경에 매우 강하고 안정적입니다. 하지만 페로브스카이트는 유기물질이 포함되어 있기 때문에 물에 다소 약합니다. 페로브스카이트 태양전지가 실용화되려면 먼저 물과 습기를 막아 주는 보호막 기술이 개발되어야 합니다.

그리고 우리나라는 현재 실리콘 태양전지가 상업화되어 있습니다. 실리콘 태양전지는 제조 비용이 많이 들어가기 때문에 이걸 낮추는 방법을 찾는 게 중요합니다. 그 방법 가운데 하나가 '탠덤 태양전지'라고 생각해요. 탠덤 태양전지는 태양전지 여러 개를 접합하여 만든 것으로, 현재 많은 기업들이 탠덤 전지 기술을 개발하고 있습니다. 아마도 5년 안에는 결과물이 나오지 않을까 기대하고 있어요. 물론 이걸 태양전지 시장에서 받아들여 상용화될 수 있느냐는 좀 다른 문제입니다.

더불어 페로브스카이트 태양전지 관련 기술은 우리나라가 다양한 분야로 발전시킬 가능성이 높다고 생각합니다. 예를 들어, 유연한 기판을 만들어 낸다면 항공 우주를 비롯한 다양한 분야에서 활용할 수 있다고 생각합니다. 여러분이 앞으로 이 분야를 연구해서 발전시켜 나가기를 바랍니다.

Q. 02

페로브스카이트의 성능을 극대화하기 위해서 탠덤 전지를 이용한다고 들었습니다. 탠덤 전지가 어떤 원리로 효율을 높일 수 있는지 궁금합니다.

태양전지에 관심이 많은가 보네요. 아주 전문적인 질문입니다. 답변을 위해서 1.5볼트 건전지를 직렬로 연결한다고 가정해 봅시다. 그러면 전류는 똑같고, 전압은 3볼트가 됩니다. 만약 두 개의 태양전지를 수직으로 직렬 연결하면 어떤 현상이 일어날까요? 건전지를 직렬 연결했을 때와 같은 현상이 일어납니다. 즉, 위쪽 태양전지의 전압과 아래쪽 태양전지의 전압이 합쳐지면서 전압은 높아지고 전류는 똑같은 상태가 되는 거죠. 이와 같은 원리로 탠덤 전지를 이용하면 효율을 높일 수 있습니다. 최근에 페로브스카이트 태양전지를 위쪽, 실리콘 태양전지를 아래쪽에 두고 직렬 연결해서 탠덤 태양전지를 만들었더니 효율이 30퍼센트 이상 나왔다는 연구 결과가 발표되었습니다.

Q. 03

빛은 물질의 투명도가 낮고 색깔이 검을 때 가장 흡수가 잘 된다고 들었는데, 왜 효율이 높아지는지 궁금합니다.

물리법칙에 따르면 태양전지는 빛을 많이 흡수할수록 에너지 변환 효율이 높아집니다. 검은색은 가시광선을 모두 흡수해서 빛을 반사하지 않습니다. 가시광선이 반사되지 않기 때문에 우리 눈에는 검은색, 즉 색깔이 없는 상태가 됩니다. 그래서 페로브스카이트 태양전지 필름도 검은색으로 만듭니다.
투명도는 색깔과 좀 다른 개념이에요. 물리적으로 풀이하자면, 어떤 물질의 투명도가 높다는 건 가전자대(밸런스 밴드)와 전도대(컨덕션 밴드) 사이의 간극(갭)이 크다는 뜻입니다. 갭이 크면 빛이 그대로 투과되는 양도 많아집니다. 그렇게 되면 당연히 빛을 많이 흡수하지 못하기 때문에 에너지 변환 효율이 낮아집니다. 따라서 빛을 잘 흡수하도록 투명도를 조절해 주는 기술이 필요합니다.

Q. 04

에너지 변환 효율로 보면 태양광 발전은 8~15퍼센트, 수력 발전은 80~90퍼센트, 화력 발전은 50퍼센트, 원자력 발전은 40퍼센트라고 합니다. 이 기준으로 보면 태양광 발전의 효율은 매우 낮습니다. 태양광 발전 제작 비용에 비해 생산되는 전력량은 미미한 수준으로 보입니다. 그리고 태양광 발전 패널을 설치하려면 공간도 많이 차지합니다. 따라서 태양광 패널 양을 늘려 가기 전에 에너지 변환 효율을 높게 끌어올리는 기술 개발이 급선무가 아닐까요? 그런 다음 태양광 패널을 조금씩 늘려 가는 게 효율적이지 않을까요?

에너지원의 변환 효율을 단순 비교하는 건 좀 무리가 있습니다. 다른 연료에 비해 태양은 영원히 제공되는 자원이니까요. 기존 발전 시설은 연료를 넣어야 가동되지만 태양전지는 별다른 자원 손실 없이 영원히 전기를 생산합니다. 게다가 화력 발전과 원자력 발전은 효율성만 놓고 평가할 수 없습니다. 지구 온난화 문제나 방사선 폐기물의 위험성 측면까지 함께 들여다보아야 해요. 수력 발전도 마찬가지입니다. 수력 발전을 하려면 강을 댐으로 막아서 발전 시설을 갖추어야 하는데, 그러면 강의 생태계는 심각한 위기에 빠집니다. 사실 지금까지 효율성을 우선순위로 삼고 나머지 문제를 부수적으로 미뤘는데, 앞으로는 그래서는 안 된다고 생각해요.

어쨌거나 태양전지 효율을 높이는 기술을 개발해야 하는 건 앞으로의 과제입니다. 현재 태양전지 서너 개를 직렬로 연결해서 만든 탠덤 태양전지는 효율이 44퍼센트 가까이 나옵니다. 이 정도 효율은 석유로 움직이는 내연기관 에너지 변환 효율과 비교해서 결코 낮지 않습니다. 물론 이걸 값싼 비용으로 만들어서 상용화하는 단계를 거쳐야 하겠죠. 그렇게 되면 좁은 면적에서도 많은 전기 에너지를 생산할 수 있을 것입니다.

태양광 발전 시설을 어디에 설치하느냐도 중요한 고려 사항입니다. 다만 효율을 최대치로 끌어올리면 많은 부지가 필요하지 않겠죠. 페로브스카이트가 세계적으로 주목받는 이유가 높은 효율과 낮은 제작 비용 때문입니다.

Q. 05

산성 물질과 염기성 물질이 만났을 때 중화열이 발생한다고 들었는데, 중화열로 에너지를 만들 수 있을까요?

대단히 좋은 질문이에요. 저는 한 번도 생각해 보지 못했는데, 꼭 고민해 보겠습니다. 비슷한 경우를 예로 들자면, 납이나 세라믹 같은 물질에 지속적으로 압력을 주면 전기 에너지가 발생해요. 이런 물질을 '압전체'라고 하는데요. 실제로 일본 도쿄에서는 지하철 개찰구 바닥에 압전체를 이용한 에너지 변환 장치를 설치해 두고 사람들이 밟고 지나갈 때마다, 아주 소량이지만, 전기 에너지를 생산해 내게 했어요. 이 전기 에너지는 개찰구 작동에 필요한 에너지로 사용됩니다. 이런 사례를 보더라도 중화열도 에너지의 일종이고, 전기 에너지로 변환할 기술이 충분히 나올 수 있다고 생각합니다. 질문한 학생이 나중에 꼭 이 분야에 대해 연구해 보기를 기대합니다.

FUN&LEARN

FUN&LEARN

FUN&LEARN

수학은 왜 배울까

– 박형주 –

"수학은 현대 사회에서
아주 다양하고 중요하게 활용되고
우리에게 무한한 가능성을 열어 준다.
하지만 그 쓰임새를 따지지 않더라도,
수학은 그 자체로 멋지고 흥미로운 학문이다."

PROFILE_박형주

아주대학교 수학과 석좌교수이다. 미국 오클랜드대학교 수학과 교수, 고등과학원 계산과학부 교수, 포항공과대학교 수학과 주임교수, 국가수리과학연구소 소장을 거쳐 현재 아주대학교 총장으로 재임 중이다. 2014 세계수학자대회(ICM) 조직위원장을 맡아 한국에서 열린 첫 번째 ICM을 성공적으로 이끌었다. 저서로는 《수학이 불완전한 세상에 대처하는 방법》《기원the Origine》(공저)《내가 사랑한 수학자들》이 있다. 수학의 대중화와 교육에 관심이 높아 EBS 수학 다큐멘터리 〈생명의 디자인〉(2009)과 KBS 〈명견만리〉(2015)의 진행자로 참여했고, EBS 수학 다큐멘터리 〈문명과 수학〉(2012)의 자문 및 감수자로 참여했다. 현재 일간지와 주간지에 다양한 칼럼을 연재하는 중이다.

시인이 되고 싶던 수학자

살아생전에 이런 경사를 맞이할 줄은 정말 몰랐습니다. 청소년 여러분과 만나게 되어 정말 기쁩니다. 학생들은 대부분 수학을 어려워하고 재미없어해요. 가장 큰 이유는 입시 시험 때문이라고 생각해요. 학교 시험에서는 짧은 시간에 많은 문제를 풀어야 하거든요. 짧은 시간에 많은 문제를 기계적으로 풀다 보면 수학을 좋아할 기회를 놓치고, 또 작은 실수 하나 때문에 점수가 내려가니까 이게 좀 겁이 나고, 자기도 모르게 긴장하게 됩니다. 이런 일이 반복되면서 수학이 무서운 과목이 돼 버렸습니다. 점수에 연연할 수밖에 없으니 배움의 즐거움을 느끼지 못하는 거죠.

하지만 오늘은 입시를 위한 수학이 아니라, 생활 속에서 만나는 재미있는 수학 이야기를 들려줄게요. 최근 우리나라의 수학계에 큰 경사가 생겼어요. 건국 이래 최초로 우리나라에서 교육을 받은 사람이 수학 분야의 노벨상으로 불리는 필즈상을 수상했어요. 바로 허준이 교수인데요. 허준이 교수도 학생 시절에 수학 시험을 무척 어려워했다고 해요. 충분히 시간을 가지고 차분히 문제를 푸는 방식을 아주 좋아했는데, 정해진 짧은 시간에 많은 문제를 푸는 방식은 전혀 적응하지 못했다고 해요. 그런데 주위 친구들은 놀랄 만큼 시험 문제를 잘 풀더래요. 그래서 자기는 수학에 재능이 없나 보다 하고 생각했답니다. 이걸 보면, 우리나라 학교 교육에서 요구하는 수학적 재능에 대한 기준이 좀 문제가 있는 것 같아요.

정해진 짧은 시간에 많은 문제를 푸는 재능은, 사실 요즘 컴퓨터나 인공지능이 더 잘하잖아요. 이제 사람의 역할은 자기 생각을 차

분하게 가다듬어서 풀이 방법을 찾거나 새로운 문제를 제시하는 데 있습니다. 하지만 학교에서는 여전히 문제를 최대한 빨리 풀기 위해 다짜고짜 공식을 외우고 자꾸 반복해서 푸는 연습만 강요해요. 안타까운 일입니다.

이야기가 좀 돌아갔지만, 허준이 교수는 다행히 훗날 결국 수학의 즐거움을 찾았다고 해요. 허준이 교수는 필즈상 수상 소감에서, "나는 표현할 수 없는 걸 표현하는 시인이 되는 걸 꿈꿨고, 마침내 그것을 이루는 방법이 수학이라는 걸 알게 됐다"고 말했어요. 허준이 교수는 자기가 중2병에 걸렸었대요. 중학교 2학년 때 시인이 되고 싶었대요. 그래서 실제로 한동안 시를 많이 썼다고 해요. 그런데 허준이 교수는 어떻게 수학에서 '시의 세계'를 발견했을까요?

자연에서는 조그마한 생명 현상에서 나타나는 패턴이 갑자기 전

필즈상을 수상한 허준이 교수

지구적 물리 현상에서 나타나거나, 불규칙한 자연 현상에서 수학적 패턴이 나타나는 경우가 많습니다. 예를 들어, 태풍이 발생해서 덩치를 키우는 과정을 보면, 수학에서 이야기하는 황금비로 늘어나거든요. 이해할 수 없는 동일성이죠. 이런 사례는 자연 현상 곳곳에서 무작위로 아주 빈번하게 발생해요. 설명할 수 없고 표현할 수 없는 질서이죠. 시인이 상식적이고 일반적인 논리 너머의 세계를 언어로 표현하듯이, 수학자는 아직 이해할 수 없고 증명되지 않은 자연의 질서와 패턴을 찾아서 해석하고, 이걸 수학적 언어로 표현합니다. 그래서 허준이 교수는 스스로를 자연의 질서를 탐구하는 시인이라고 느낀 것 같아요.

한때 우리나라는 성능이 뛰어난 제품의 부품을 만드는 기술에서 세계적으로 우위를 유지했어요. 물론 여전히 이런 기술이 중요하지만, 부분적 기술의 우월성만 가지고는 치열한 경쟁 시대에 우위를 유지하기란 힘듭니다. 후발 주자가 금방 따라오니까요.

앞으로는 원천 기술 능력을 길러야 해요. 새로운 시대가 요구하는 다양한 문제를 해결하고 흐름을 이끌어 갈 기술을 스스로 개발해야 합니다. 진정한 경쟁력은 정해진 답을 곧이곧대로 잘 푸는 능력이 아니라, 자기만의 방식으로 새롭게 해결하는 능력에서 나온다고 생각합니다. 그래서 여러분과 함께 인류가 자기 앞에 놓인 문제를 어떻게 수학적 사고로 해결해 왔는지 살펴볼까 해요. 수학이 싫은 학생, 수학이 무서운 학생, '나는 수학과는 전혀 관계없는 일을 할 거야' 하고 생각하는 학생도 이 시간을 계기로 수학이 친근하고 재미있게 다가가기를 바랍니다.

역사 시대 이전의 수학

인류 역사에서 문자는 7000년 전쯤에 발명되었습니다. 문자가 발명된 이후에 인류는 중요한 사건이나, 때로는 사소한 일까지 문자로 기록하였습니다. 문자로 기록된 시기를 '역사 시대'라고 합니다. 문자가 발명되기 전 시기는 기록이 없어서 '선사 시대'라고 합니다. 기록이 없는 선사 시대에 인류의 생활상을 어떻게 알 수 있을까요? 유적이나 출토품을 들여다보면서 짐작하는 수밖에 없습니다.

그런데 숫자는 문자보다 훨씬 앞서 발명되었습니다. 학자들은 2만 5000년 전쯤에 숫자가 발명되었다고 추정해요. 이 시기 유적에서 날카로운 돌로 숫자를 표시한 뼛조각이 발견되었거든요. 이 시기에 사물의 수를 헤아리고, 덧셈 같은 연산도 시작한 듯합니다. 2만 5000년 전 고대 인류는 왜 뼛조각에 숫자를 새겼을까요?

어쩌면 사냥한 동물 마릿수를 셈한 표시였을 거예요. 그들은 오랜 경험을 통해서 함께 생활하는 집단이 겨울을 무사히 나려면 동물을 몇 마리쯤 사냥해야 하는지 배웠습니다. 그래서 늦가을이 되면 온 무리가 나서서 사냥하면서 몇 마리 잡았는지 기록했어요. 첫 번째 뼛조각에는 멧돼지를 몇 마리 잡았는지 표시하고, 다음 뼛조각에는 사슴, 그다음 뼛조각에는 토끼……, 이렇게 표시하면서 올겨울을 날 수 있을지 판단한 거죠.

어쩌면 다른 뭔가를 셈하려고 뼛조각에 숫자를 표시했을 수도 있지만, 종족 보존과 깊이 관련되었다는 점은 분명합니다. 그러니까 인류는 생존이라는 가장 중요한 문제를 해결하기 위해 수학을 발명한 것입니다.

숫자가 새겨진 선사 시대 동물 뼛조각

피라미드가 쌓아 올린 수학

문제 해결사로서 수학의 역할은 문자가 발명된 역사 시대에도 계속됩니다. 기원전 2000년경 고대 이집트로 떠나 볼까요? 이 시기에 고대 이집트는 문자를 사용하고 놀라운 문명을 꽃피웠습니다. 이집트 왕족은 죽으면 거대한 돌무덤, 즉 피라미드에 묻혔어요.

그런데 피라미드 공사장에서 문제가 발생했어요. 거대한 돌무덤을 만들려면 먼저 돌을 정교한 모양과 크기로 잘라야 해요. 예를 들어, 돌을 네모반듯하게 조각내려면 일단 직각을 정확히 잴 수 있어야 해요. 그때는 직각자도 없고 각도기도 없던 시절인데 어떻게 90도를 잴 수 있었을까요? 고대 이집트 사람들은 이 문제를 해결하기 위해 놀라운 수학적 셈법을 생각해 냈습니다. 피라미드 공사장에서 일하는 인부들은 열두 개의 매듭이 똑같은 간격으로 묶인 긴 끈을 가지고 다녔어요. 이 끈을 가지고 직각을 만들어 볼까요?

먼저 끈을 돌 위에 놓고 매듭 4개 길이만큼 갑니다. 그다음에 위쪽으로 매듭 3개 길이만큼 갑니다. 마지막으로 남은 매듭 5개 길이만큼의 끈을 처음 출발했던 곳에 연결합니다. 그러면 돌 위에 매듭 길이가 밑변 4, 높이 3, 빗변 5인 삼각형 모양이 만들어져요. 이 삼각형은 반드시 직각삼각형이에요. 그러니까 밑변과 높이를 이루는 각이 정확히 90도라는 얘기입니다. 이 법칙을 오늘날 수학 용어로 '피타고라스 정리'라고 해요. 피타고라스 정리를 좀 더 자세히 풀이하자면, '직각삼각형은 밑변의 길이의 제곱과 높이의 제곱의 합이 빗변의 제곱과 같다'는 법칙이에요.

물론 이 명제의 역도 반드시 성립해요. 그러니까 '밑변의 길이의 제곱과 높이의 제곱의 합이 빗변의 제곱과 같으면 직각삼각형'입니다. 이걸 좀 어려운 말로 '필요충분조건'이라고 해요. 고대 이집트 사람들이 피타고라스 정리를 알 리 없어요. 피타고라스가 태어나기 훨씬 전 시기였으니까요. 하지만 그들은 열두 개의 균일한 매듭이 묶인 끈으로 직각을 구할 수 있다는 사실을 발견했어요. 오랜 경험을 통해서 자기들 앞에 놓인 문제를 해결했고, 덕분에 거대한 피라미드를 안전하고 튼튼하게 쌓아 올릴 수 있었어요.

그런데 직각삼각형의 원리를 처음 발견한 게 고대 이집트 사람들이니까 '이집트 정리'라고 하는 게 맞지 않을까요? 왜 '피타고라스 정리'라고 할까요?

고대 이집트 사람들은 경험적으로 직각삼각형을 구하는 방법을

고대 이집트인들의 직각삼각형 만드는 방법

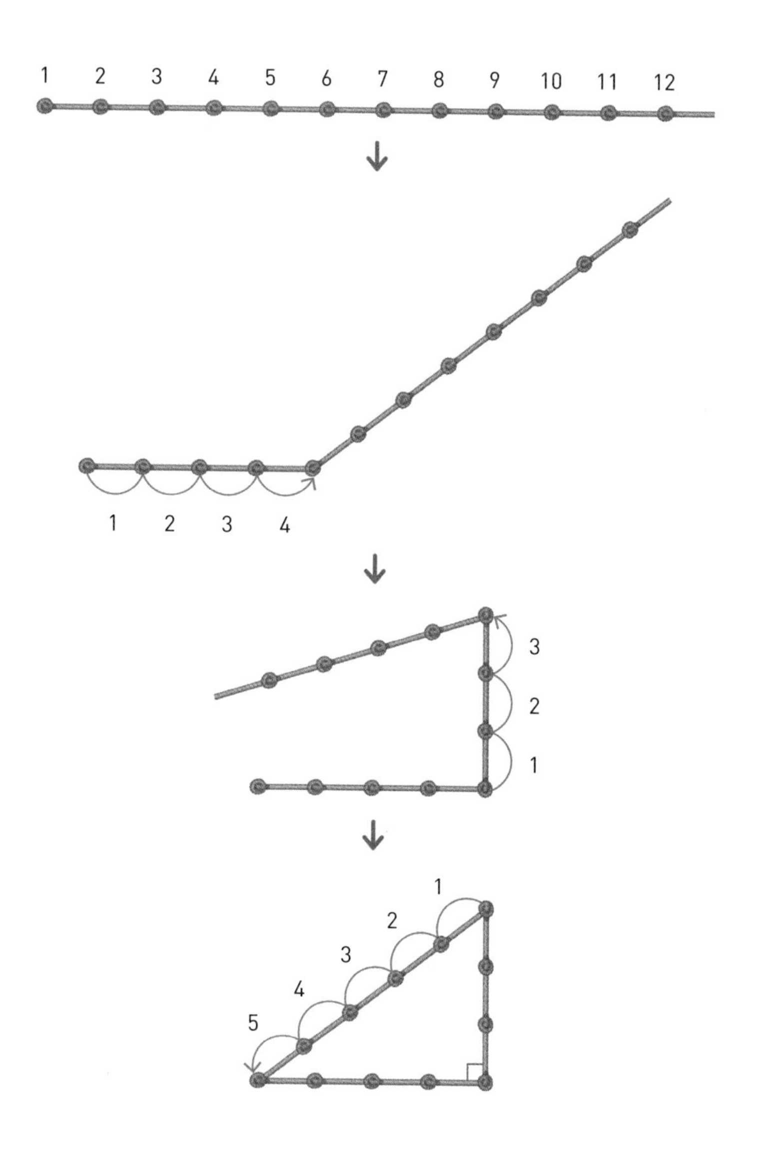

찾아냈지만, 수학적 원리를 밝혀내지는 못했거든요. 훗날 기원전 500년쯤에 태어난 피타고라스가 밑변의 길이의 제곱과 높이의 제곱의 합이 빗변의 제곱과 같으면 왜 직각삼각형이 되는지를 증명했습니다. 후대 사람들은 이 원리를 이해하고 증명한 피타고라스의 이름을 따서 '피타고라스 정리'라고 이름 지었습니다.

사실 피라미드를 쌓기 위해 직각을 구해야 했던 고대 이집트 사람들은 그 원리가 어떻게 이루어지는지, 그 원리를 어떤 이름으로 부르는지 굳이 신경 쓰지 않았어요. 그저 자신들 앞에 놓인 문제를 오랜 시행착오를 겪으며 해결해 냈을 뿐이에요. 이것이 바로 기본적인 수학의 정신입니다.

또한 고대 이집트의 피라미드 공사장에서 일하는 인부들에게는 임금이 지급되었습니다. 그런데 한 인부가 자기는 하루에 10시간 일했는데, 다른 인부가 7시간 일하고 같은 임금을 받는다는 사실을 알았다고 가정해 보세요. 억울하고 일할 의욕도 나지 않겠죠. 만약 뚜렷한 기준 없이 불공정하게 임금이 지급된다면 인부들 사이에 불만이 늘어날 테고, 그러면 피라미드 건설도 힘들어지고 국가 질서도 흔들릴 수밖에 없습니다. 노동 시간에 따른 공정한 임금을 지급하기 위해서는 다소 복잡한 방정식을 이용할 줄 알아야 합니다. 당시에 이런 난해한 수학은 왕과 높은 지위를 가진 극소수만 공유하는 비밀스러운 지식이었습니다. 통치자로서 국가적으로 아주 중요한 문제를 해결하기 위해서는 반드시 수학 능력을 갖춰야 했던 거죠. 그러니까 이 경우에도 수학은 국가적 문제를 해결하기 위한 열쇠였던 셈입니다.

실용 수학의 한계

고대 이집트 시대를 전후로 지중해 일대에서는 이른바 3대 문명이 생겨났습니다. 먼저, 지중해 아래쪽 아프리카에서는 고대 이집트 문명이 수천 년 동안 꽃을 피웠습니다. 다음으로, 지중해 오른쪽 아시아에서는 메소포타미아 문명 또는 바빌로니아 문명이 독특하고 찬란한 문화를 이뤘습니다. 지금의 이라크 일대에서 기틀을 다진 문명이에요. 마지막으로, 지중해 위쪽 유럽에서는 고대 그리스 문명이 생겨났습니다.

이들 3대 고대 문명은 수학의 역사에서 중요한 역할을 합니다. 이 시기의 수학은 생활 속에서 부딪힌 문제를 실용적으로 해결하기 위해 발달되었습니다. 예를 들어, 곡식 저장량을 기록하고, 농사를 짓기 위해 1년 주기를 계산하고, 발효 기간에 따른 맥주의 농도를 비교하기 위해 반드시 수학적 계산이 필요했습니다. 나아가 바빌로니아는 아프리카·아시아·유럽 세 개 대륙이 모이는 곳이라 무역이 크게 발달했습니다. 상인들이 각 지역의 곡식과 생활용품을 말과 낙타에 가득 싣고 와서 서로 사고팔았습니다. 이때 상인들은 이윤을 남기기 위해 일정한 수준의 비례식 정도는 꿰고 있었습니다. 가장 단순하게 물물교환하려고 해도 일차 방정식을 활용할 수 있어야 했어요. 이처럼 사람들은 생활을 유지하고 발전시키기 위해 여러 종류의 수학 계산 방식을 생각해 냈습니다. 수학적 지식이 많은 사람은 현명하고 고귀한 사람으로 여겨졌습니다.

그런데 바빌로니아와 이집트 문명에서 발달한 실용 수학은 한계가 있었습니다. 생활 속 문제를 해결하는 데는 효과적이었지만, 그

셈법을 사용하는 사람들도 왜 그런지 원리를 몰랐거든요. 앞서 잠깐 이야기했던 피타고라스 정리만 해도 그래요. 피타고라스가 태어나기 1000년 전에 이미 직각삼각형 만드는 방법을 알았지만, 왜 그런지는 몰랐어요. 사실 그 시기에는 원리를 알 필요도 없었고, 알고 싶어 하지도 않았어요. 살아가는 데 전혀 불편하지 않았거든요. 그러다 보니 지식을 체계적으로 정리하지도 못했고, 다음 세대에 제대로 가르쳐 주지도 못했어요.

고대 그리스 문명의 수학

지중해의 3대 문명 가운데 마지막 고대 그리스 문명은 어땠을까요? 그리스 문명은 이집트·바빌로니아와 전혀 색깔이 다른 수학이 발달했습니다. 고대 그리스 사람들은 추상적이고 철학적인 생각과 논쟁을 즐겼어요. 수학도 마찬가지였어요. 여러분은 수업할 때 기호 나오고 증명 나오면 머리 아프잖아요. 그런데 그리스 사람들은 특이하게도 그걸 좋아했습니다.

앞서 이야기한 피타고라스도 초기 그리스 문명의 수학자이자 철학자입니다. 피타고라스는 만물의 근원이 수로 이루어졌다고 주장했어요. 피타고라스 정리도 모든 물질이 수학으로 해석된다는 걸 증명하는 과정에서 만들어졌어요. 어쨌거나 피타고라스 정리는 그리스 기하학의 출발점이 되었습니다. 그리스 사람들은 특히 기하학을 아주 중요하게 생각했으며, 갖가지 법칙을 발견해 냈어요. 그리고 유클리드가 그 내용을 모아서 13권짜리 《유클리드 원론》으로 펴

피타고라스 조각상

유클리드 조각상

냈습니다. 《유클리드 원론》은 이후 2000년 동안 중세 유럽에서 기하학의 교과서로 자리매김했으며, 르네상스와 과학 혁명을 이끄는 역할까지 했습니다.

이집트·바빌로니아의 수학과 그리스의 수학을 비교해 보면 좀 역설적이고 흥미롭습니다. 우리 생각에는 눈앞의 문제를 해결할 수 있는 실용 수학이 훨씬 효과적이고 파급력이 클 것 같은데, 오히려 한계를 드러냈어요. 그에 비해 실생활과 동떨어진 추상적이고 철학적인 수학은 오히려 학문적 체계를 갖추고, 후대에 전수되어 큰 영향력을 발휘했습니다.

왜 이런 차이가 생겨났을까요? 눈앞의 문제를 우연히 해결한다고 해서 그게 문제의 근본적인 해결을 뜻하지는 않아요. 예를 들어, 이집트 사람들은 열두 개의 매듭이 묶인 끈이 없으면 직각을 만들지 못했어요. 직각삼각형의 추상적인 원리를 이해하지 못했기 때문이에요. 이에 비해 고대 그리스 문명의 수학은 추상적이고 철학적인 사유의 수학이었어요. 어떤 문제에 대한 본질을 이해하고 수학적 법칙을 발견하면, 변수가 발생해도 응용해서 해결할 수 있습니다. 덕분에 고대 그리스 문명이 발견한 수학 법칙은 2000년이 지나도록 생명력을 유지하며 현대 문명과 함께 발전했습니다. 물론 눈앞의 문제를 해결하려면 실용적인 수학도 중요합니다. 하지만 거기에 머무르지 않고 문제를 해결한 근본적인 원리를 이해하는 데까지 나아가야 합니다.

18세기 이후 수학의 흐름

유럽은 18세기에 과학 혁명의 시대를 맞이합니다. 이때 과학자들은 실험과 관찰을 통해 확인된 결과만을 사실로 받아들였습니다. 이 과정에서 수학은 실험과 관찰 내용을 정확히 기록하고, 과학 법칙을 기호와 숫자로 표현하는 실용적인 측면이 강조되었어요.

그러다가 19세기부터 비유클리드 기하학·정수론·대수학 같은 분야가 발달하면서 다시 철학적이고 추상적인 수학이 유행하기 시작합니다. 돌이켜 보면 수학사뿐만 아니라 인간 문명사도 철학적인 사고와 실용적인 사고가 서로 대립하고 극복하면서 되풀이됩니다. 추상적인 수학은 20세기 들어서 전성기를 맞이합니다.

그리고 이제 21세기가 됐습니다. 21세기에는 대량의 정보가 처리되고 압축되고 통신됩니다. 이 과정에서 무수히 많은 수학 문제가 우리 앞에 새롭게 출현합니다. 이런 시기에는 추상 수학과 응용 수학이 상호작용하고 도움을 주고받으면서 문제를 해결해야 합니다. 그래서 21세기는 추상적이고 철학적인 수학의 시대도 아니고 철저하게 실용적인 수학의 시대도 아닙니다. 두 분야가 결합하고 융합하는 시대입니다.

지금까지 문제 해결사로서 수학의 역사에 대해 간단히 알아보았어요. 우리 인류는 수만 년 전부터, 문자가 발명되기 전부터, 살아남기 위해 수학을 활용했습니다. 생활 속 문제를 해결하기 위해 자연스럽게 발생한 실용 수학은 추상적이고 철학적인 수학이 나오면서 퀀텀 점프 했습니다. 이후 실용 수학과 추상 수학은 시대에 따라 중요한 역할을 번갈아 맡으며 인류 문명을 발전시켰습니다.

앞서 이야기했듯이, 21세기에 와서는 예전보다 훨씬 크고 방대한 수학 문제가 출연했습니다. 예전에 수학자는 골방에서 혼자 이상한 문제를 푸는 괴팍한 사람이라는 인식이 많았어요. 하지만 현대 수학자는 전혀 그렇지 않습니다. 허준이 교수도, "내 수학적 업적은 동료들의 협력 없이는 불가능했다" "공동으로 연구하면 훨씬 멀리 가고 깊이 간다"고 이야기했어요. 현대의 수학 문제는 여러 수학자가 집단으로 해결합니다. 수학자들이 하나의 문제를 해결하기 위해 어떻게 공동으로 협력하는지 궁금하지 않나요?

사실 어떤 문제를 공동으로 해결하는 방식은 다른 과학 분야에서는 흔히 있는 일이에요. 제가 좋은 사례를 하나 소개할게요. 지난 2017년에 노벨 물리학상은 중력파의 존재를 입증한 세 명의 미국 물리학자에게 돌아갔습니다. 중력파는 초신성이 폭발하거나 블랙홀이 충돌하는 우주적 사건이 일어났을 때 중력이 만들어 내는 파동으로, 아인슈타인이 100년 전에 중력파를 언젠가는 관측할 수 있을 거라고 예언했었습니다.

그런데 노벨 물리학상을 받은 세 명의 과학자는 중력파를 입증하는 논문에 도움을 준 과학자들 목록을 올렸는데, 무려 1000명이 넘었습니다. 중력은 우주의 모든 물질에 작용하지만, 그동안 현대 과학으로도 그 힘의 실체를 파악하지 못했어요. 이 난해한 과제를 천여 명의 과학자들이 협력해서 해결한 거죠. 이처럼 과학 분야에서는 일상적으로 연구소에서 함께 연구하고, 필요에 따라 대규모로 협력합니다. 이에 비해 수학 분야에서는 공동 작업이 왠지 낯설게 느껴집니다. 왜냐하면 수학은 대체로 혼자 작업하고, 공동 연구를 해도 기껏해야 두세 명인 경우가 많았거든요.

폴리매스 프로젝트가 가져온 변화

●

그런데 한 수학자가 발상의 전환을 시도했어요. 영국 케임브리지 대학교 교수이자 1998년에 필즈상을 받은 티모시 가워스 교수는 수학자로서뿐만 아니라 활발한 블로거로도 유명했어요. 티모시 교수는 블로그를 통해서 수학과 과학 분야에 일어나는 새로운 발견과 발전을 일반 사람들이 이해하기 쉽게 설명해 주었어요. 수학자들 중에도 이처럼 사람들과의 소통을 중요하게 생각하고 수학의 대중화를 위해 노력하는 분들이 있습니다.

티모시 교수는 2009년 1월 27일, 자신의 블로그에 어려운 수학 문제를 하나 내걸었어요. 그러고는 여러 사람들이 협력해서 이 문제를 풀어 보자고 제안했습니다. 티모시 교수는 수학에서 대규모 협력이 가능한지를 실험해 보고 싶었던 거예요. 이 실험을 '폴리매스 프로젝트'라고 합니다.

그랬더니 사람들이 하나둘 거기에 호응했어요. 미국 캘리포니아대학교 교수 테렌스 타오도 그중 한 명이었어요. 어린 시절부터 수학자로 이름을 알리고, 2006년에 필즈상을 받은 테렌스 교수도 아주 유명한 블로거였습니다. 그러니까 티모시 교수처럼 수학을 대중화하는 데 관심이 많았고, 폴리매스 프로젝트에도 기꺼이 뜻을 같이했던 거죠. 테렌스 교수는 댓글을 통해 사람들과 함께 수학 문제를 풀어 갔어요. 그러자 40여 명의 수학자가 폴리매스 프로젝트에 참여해 댓글을 달기 시작했습니다. 한 수학자가, "나는 여기까지 생각해 봤는데, 여기서 막혔어" 하고 댓글을 쓰면 다른 수학자가, "그건 내 분야에서 이런 방법으로 해결했었어" 이렇게 댓글을 다는 거죠. 결국 이 수학 문제는 댓글 달기를 통해서 해결됐습니다.

40여 명의 수학자가 수학 문제를 함께 풀었으니, 이걸 논문으로

티모시 가워스

테렌스 타오

발표할 때 다 함께 공동 저자로 이름을 올렸을까요? 그렇게 하지 않았어요. 대신 그들은 'D. H. J 폴리매스'라고 그룹 이름을 지어서 논문을 냈습니다. 그러다 보니 아직까지 누구인지 밝혀지지 않은 수학자들도 많아요. 폴리매스 프로젝트에는 참여하면서도 혼자 연구하고 얼굴이 알려지기를 싫어하는 수학자들의 성향 탓에 생겨난 재미있는 에피소드입니다. 다른 분야에서는 아마 상상도 하지 못할 거예요. 자기 업적과 성과를 중요시하고 이름이 널리 알려지기를 원하는 요즘 흐름에 비추어 보면 더욱 그렇습니다.

이렇게 첫 번째 폴리매스 프로젝트가 집단 지성의 힘으로 멋지게 성공하자, 뒤이어 다른 폴리매스 프로젝트가 제안되었어요. 이제까지 15개가 넘는 수학 문제를 놓고 폴리매스 프로젝트가 진행되고 있으며, 몇몇 문제를 풀어내는 데 성공했습니다. 물론 우리나라에서도 폴리매스 프로젝트가 진행되고 있습니다.

어떤 문제를 두고 폴리매스 프로젝트가 가동되려면 몇 가지 조건이 필요합니다. 무엇보다 수학 문제 자체가 흥미롭고, 또 가치를 지녀야 합니다. 그래야 여러 사람이 그 문제에 관심을 가지고 열심히 참여할 테니까요. 따라서 그런 조건에 맞는 문제를 만들어 내는 능력이 중요합니다. 나아가 문제를 풀 때 수학 초보자도 이해할 수 있도록 쉽고 친절한 방법을 사용해야 합니다. 자신의 전문 분야에서만 쓰이는 용어와 방정식으로 풀면 함께 참여하는 사람들의 이해와 동의를 얻을 수 없을 테니까요.

폴리매스 프로젝트에는 누구라도 참여할 수 있습니다. 그 문제에 관심만 있다면 초등학생도 수학 비전공자도 참여할 수 있습니다. '초등학생이 참여하는 수준이면 아무것도 아니겠네' 하고 무시했다가는 큰코다칩니다. '초등학생도 참여하는' 폴리매스 프로젝트가 드디어 필즈상을 수상했거든요.

그 주인공은 바로 2022년에 허준이 교수와 함께 필즈상을 받은 옥스포드대학교 제임스 메이나드 교수입니다. 메이나드 교수는 여덟 번째 폴리매스 프로젝트에 참여했고, 문제를 해결하는 데 주도적인 역할을 했어요. 그 공로를 인정받아 필즈상을 받았습니다.

제임스 메이나드

폴리매스 프로젝트는 난해한 수학 문제를 대규모 협력을 통해서 해결할 수 있다는 사실을 실제로 증명했습니다. 그냥 재미 삼아 소소한 아이디어를 나누는 수준이 아니라 필즈상을 받을 정도의 결과물을 내왔습니다. 수학을 연구하는 새로운 방식, 문제를 해결하는 새로운 길을 보여 준 것이죠.

빅 데이터 시대 위상 수학의 힘

20세기 전까지만 해도 수학자들의 공동 작업은 드물었습니다. 21세기 수학은 이전과는 전혀 다른 접근 방식을 요구하고 있습니다. 그야말로 빅 데이터 시대입니다. 하루에 2.5퀸틸리언 바이트의 데이터가 생산됩니다. 1퀸틸리언은 1조의 1만 배를 뜻하는 단위입니다. 1년 동안 세계에서 새롭게 생겨나는 지식의 총량을 바이트 수로 변환하면 지구상의 모든 모래알 수보다 1000배나 많을 거라고 해요. 지난 2년 동안 생겨난 정보의 총량은 인류 문명이 2000년 동안 쌓아 온 정보의 10배입니다. 정말 엄청난 양의 지식과 정보가 쏟아져 나오고 있습니다.

예전에는 새로운 데이터에 대해 경험과 직관으로 어느 정도 짐작할 수 있었습니다. 정보의 양도 적었고 생산 속도도 그만큼 느렸으니까요. 하지만 오늘날에는 그럴 수가 없습니다. 넘쳐나는 새로운 데이터가 어떤 분야에서 어떤 의미를 갖는지 잘 몰라요. 그러다 보니 데이터를 분석하고, 그 의미를 읽어 내고 해석해 주는 기술이 매우 중요해졌습니다. 이 기술의 기본적인 원리는 수학에서 나옵니다.

과거에는 데이터를 분석할 때 통계학이 바탕이 되었습니다. 통계학도 수학의 한 분야입니다. 하지만 빅 데이터 시대에 기존 통계 분석 기술은 한계가 있습니다. 기본 데이터를 분류하는 데만도 엄청나게 많은 시간이 필요합니다. 예를 들어, 데이터베이스에 갖가지 동물과 사람 사진이 100만 장이 있다고 가정해 보세요. 내가 그 사진들 가운데 뜀박질하는 말을 찾고 싶어요. 수백 수천 장 정도라면 사람이 직접 분류하겠지만, 100만 장은 어림없어요. 또 범죄 현장에서 범인이 남겨 놓은 지문을 발견했다고 가정해 보세요. 그런데 데이터베이스에 등록된 지문이 5억 개쯤 된다면, 어떻게 현장에서 나온 지문과 비교할 수 있을까요? 옛날식으로 지문을 비교하려면 100년도 넘게 걸립니다. 표본 데이터가 적을 때는 어떻게든 해결했지만 빅 데이터 시대에는 어림없는 일입니다.

과학자들은 빅 데이터를 빠르고 정확하게 분석하는 기술을 개발했습니다. 이 기술은 위상 수학 원리를 바탕으로 만들어졌습니다. 위상 수학이란 어떤 물체의 형태가 바뀌어도 변하지 않는 기하학적 성질을 연구하는 학문이에요. 앞서 이야기한 여러 동물과 사람 사진 중에서 뜀박질하는 말을 찾는 경우를 예로 들어볼까요?

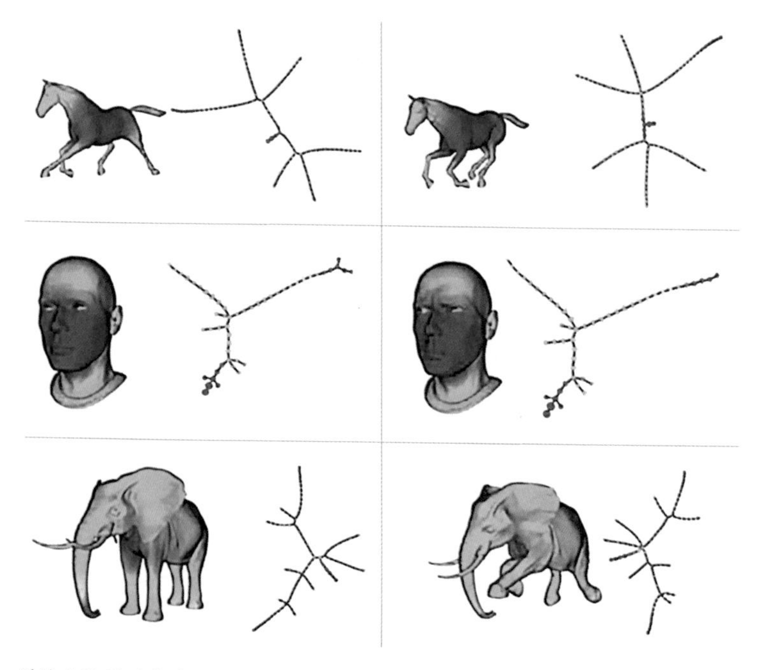

위상 수학 원리에 따른 동물과 사람의 패턴화

먼저 각 데이터의 본질적인 고유 성질을 위상 수학에 따른 불변량으로 표현합니다. 동물이나 사람의 형체에서 어떤 상황에서도 변형되지 않는 본질을 아주 단순한 패턴으로 나타내는 거죠. 이 패턴을 컴퓨터에 프로그램으로 설치하고, 사진 100만 장을 패턴에 따라 분류합니다. 첫째로 말을 제외한 동물과 사람을 모두 골라냅니다. 이들의 불변량은 말과 뚜렷하게 다른 패턴으로 나타나니까요. 아주 간단하게 패턴화되어 있기 때문에 사진을 분류하는 속도도 아주 빠릅니다. 만약 말 사진만 골라서 만 장 정도 남았다면, 다시 위상 수학의 힘을 빌려 뛰는 말의 불변량을 패턴으로 표현하고, 서 있는 말, 누운 말, 걷는 말을 골라냅니다. 이런 과정을 몇 단계만 거치면 뛰는 말 사진만 남게 됩니다.

미국 연방수사국(FBI)은 위상 수학의 패턴화 기술로 범인의 지문을 찾습니다. 만약 범죄 현장에서 지문을 채취하면, 이걸 패턴화해서 데이터베이스의 다른 지문들의 패턴과 비교해요. 이때 패턴이 크게 다른 지문을 1차로 거릅니다. 그중에 100만 개쯤 남았다면, 패턴을 좀 더 정교하게 표현해서 다른 패턴의 지문을 2차로 거릅니다. 이렇게 몇 단계만 거치면 똑같은 패턴의 지문만 남게 됩니다.

이게 수학이 지닌 단순화의 힘이에요. 위상 수학의 불변량 개념을 쓰면 아주 복잡한 형태도 매우 간결하게 표현할 수 있어요. 빅 데이터를 다룰 때는 특히 수학적 단순화가 매우 중요합니다.

현대 사회에서 수학의 쓰임새

마지막으로 현대의 수학자 몇 분을 소개할게요. 먼저 제임스 사이먼스입니다. 이분은 억만장자로 세계 부자 순위 100위 안에 올라 있습니다. 사이먼스는 미분기하학 분야의 세계적인 이론가로, 천-사이먼스 이론을 정립했어요. 그런데 사이먼스는 자신의 수학 이론을 실제 금융 시장에 적용해 보기 위해 주식 투자 회사를 세웠습니다. 그러고는 이른바 계량 투자 방식으로 엄청난 수익률을 올리며 세계적인 부자가 됐습니다. 계량 투자란 통계학 기술로 기업의 가치를 분석해서 투자하는 방법을 말해요. 그러니까 금융 분야에서 수학을 활용해서 놀라운 성공을 거둔 거죠.

제임스 사이먼스

로널드 페드키우

다음 수학자는 로널드 페드키우입니다. 스탠퍼드대학교 컴퓨터학과 페드키우 교수는 아카데미상을 두 번이나 받았습니다. 여러분, 영화 〈캐리비안의 해적〉 보셨나요? 이 영화는 바다가 주요 배경이라서 파도가 배 안으로 쏟아져 들어오는 장면이나 폭풍우 치는 장면이 자주 나옵니다. 이런 장면을 스크린에 표현할 때 과거의 컴퓨터 그래픽 기술로는 생동감이 떨어졌어요. 영화에 몰입하기 힘들 만큼 조잡했어요. 그런데 〈캐리비안의 해적〉은 실제 바다에서 장면을 찍은 것처럼 놀랍도록 생생해요.

바로 페드키우 교수가 그 차이를 만들어 낸 주인공입니다. 페드키우 교수는 액체와 기체의 움직임을 설명하는 유체역학의 기본 방정식인 나비에-스토크스 방정식을 응용해서 새로운 컴퓨터 그래픽 기술을 개발했습니다. 나비에-스토크스 방정식은 보기만 해도 어지러울 정도로 복잡하고 난해합니다. 사실 이 방정식을 누구도 완전히 증명하지 못했어요.

나비에-스토크스 방정식

$$\frac{\partial}{\partial t}(\rho \mathbf{u}) + \nabla \cdot (\rho \mathbf{u} \otimes \mathbf{u} + p\mathbf{I}) = \nabla \cdot \tau + \rho \mathbf{g}$$

어쨌거나 나비에-스토크스 방정식을 응용한 새로운 컴퓨터 그래픽 기술은 바람 방향과 세기에 따라 파도가 0.1~0.2초 단위로 어떻게 움직이는지를 표현할 수 있습니다. 유체역학 방정식 덕분에 우리는 한결 실감 나는 영화를 관람할 수 있게 되었어요. 페드키우 교수는 〈캐리비안의 해적〉과 〈해리포터〉에 참여해서 아카데미상 과학 기술상을 두 번이나 수상했답니다.

이들 수학자 사례에서 보듯이 수학은 현대 사회에서 아주 다양하고 중요하게 활용됩니다. 만약 수학을 전문 분야로 삼아서 공부한다면 무한한 가능성이 열릴 거예요. 굳이 현실적인 쓰임새를 따지지 않더라도, 수학은 그 자체로 멋지고 흥미롭습니다. 저는 청소년 여러분이 수학에 흥미를 느끼고, 문제를 풀면서 논리적이고 합리적인 사고방식을 익힐 수 있기를 바랍니다. 수학적 사고방식은 청소년 여러분이 어떤 분야를 선택하건 강력한 능력치가 되어 줄 것입니다.

앞서 이야기했듯이, 허준이 교수는 고등학교 때 많은 수학 시험을 아주 못 봤어요. 그래서 자기는 수학적 재능이 없다고 생각했어요. 하지만 어떤 문제를 충분한 시간을 가지고 깊이 생각하면서 푸는 걸 즐겼어요. 그리고 그 과정에서 이해할 수 없었던 자연 현상에서 패턴과 질서를 찾아내는 수학의 모습에 매료되었어요. 허준이 교수는 나중에 대학을 졸업할 때쯤 되어서야 수학자로서 자기 인생의 방향을 정했어요. 그때부터 시작해서 39세에 필즈상을 수상한 위대한 수학자가 되었습니다.

중·고등학생 여러분은 아직 인생의 방향을 정하지 못했다고, 어떤 일을 하고 싶은지 모르겠다고 너무 낙담할 필요 없습니다. 아직 늦지 않았어요. 서두르지 않아도 됩니다. 대학교 졸업할 때쯤에 시작해도 큰 성과를 이룰 수 있습니다. 특히 수학이 너무 어렵고 재미없다고 좌절하거나 포기하지 않았으면 좋겠어요. 문제를 해결하는 즐거움을 한번 경험하면 생각이 바뀌거든요. 여러분에게 그런 경험이 자꾸만 생겼으면 좋겠습니다. 고맙습니다.

Q. 01

사회 문제도 수학으로 해결할 수 있을까요?

수학이 사회 문제를 해결하는 데 일정한 도움을 줄 수 있다고 생각합니다. 사회 문제는 서로 다른 분야도 긴밀하게 연결되어 있으니까요. 예를 들어, '게임 이론'이라는 학문 분야가 있습니다. 게임 이론은 한 사람의 행위가 다른 사람의 행위에 미치는 상황에서 어떻게 의사결정이 이루어지는가를 연구하는 이론입니다. 게임 이론은 개인·조직·국가 차원의 사회 문제를 해결할 때 매우 다양하고 효과적으로 쓰이고 있어요. 특히 게임 이론 연구로 노벨 경제학상을 받은 사람이 열 명이 넘어요. 그만큼 게임 이론이 경제학에서 차지하는 비중이 크다는 뜻이에요. 그런데 사실 게임 이론은 수학의 한 연구 분야로 시작되었어요. 지금도 게임 이론을 연구하는 수학자들이 많고요. 이처럼 수학은 우리 사회의 많은 문제를 해결하는 역할을 하고 있습니다.

Q. 02

고3인데 수학에 대해 자신감을 잃었습니다. 어떻게 하면 자신감을 회복할 수 있을까요?

개인적인 경험을 얘기한다면, 저도 고등학교 1학년까지는 난이도 높은 문제를 충분히 시간을 가지고 차분하게 푸는 방식은 상당히 잘했다고 생각해요. 친구들도 어려운 문제에 막히면 저한테 와서 물어보고는 했어요. 그래서 저는 수학에 자신이 있었고, 대입 시험도 잘 볼 줄 알았어요. 저희 때는 수학 문제 수가 많지 않았거든요. 그런데 하필 그 시기에 입시 제도가 바뀌면서 수학 시험 문항 수가 크게 늘어났습니다. 사람마다 다르겠지만, 저는 빠르게 많은 수학 문제를 푸는 방식이 정말 힘들었습니다.

빠르게 많은 문제를 푸는 방식에 부담을 느낀다면, 그건 짧은 시간에 극복하기 힘듭니다. 저도 이 문제에 부딪혔을 때 해결점을 찾지 못했습니다. 게다가 고등학교 3학년이라면 당장 대입 시험을 준비해야 하는 상황입니다. 제가 해줄 수 있는 말은, 자신의 재능을 믿고 일단 최선을 다해 보라는 겁니다.

다시 말하지만, 대입 시험을 잘 보건 못 보건 그게 수학에 대한 재능을 판단하는 기준은 아닙니다. 대입 시험이 여전히 이런 방식으로 치러지는 것은 기성세대의 잘못입니다. 저는 정말 놀랐던 게, 학생들이 시계를 옆에 두고 한 문제를 얼마 만에 푸는지 재면서 공부하더라고요. 그렇게 하면 오히려 수학적 사고를 방해하게 됩니다. 수학의 즐거움을 찾지 못해요. 수학하는 기쁨을 알려면 시계를 치워 버려야 합니다.

만약 여러분이 시간을 충분히 가지고서 수학 문제를 푸는 데 자신이 있다면 앞으로 수학을 잘할 가능성이 많다는 뜻입니다. 그러니 차분하게 문제를 해결하는 능력을 활용하는 분야로 진로를 정해 보면 어떨까 생각합니다.

Q. 03

수학을 잘하려면 타고난 재능이 있어야 할까요?

영화 〈아마데우스〉에는 모차르트와 살리에리 이야기가 나와요. 모차르트는 어릴 때부터 음악 신동으로 유명했어요. 당시에 궁정 음악가였던 살리에리는 모차르트에게 열등감을 느꼈지요. 살리에리가 보기에 모차르트는 말과 행동이 경망스럽고 제멋대로였어요. '저런 천박한 아이가 어떻게 음악 천재로 태어났을까' 하고 속상해했지요. 아무리 노력해도 모차르트의 천재성을 넘어설 수 없었던 살리에리는 모차르트를 질투하고 미워하면서 불행한 2인자의 삶을 살아요. 모차르트 말고도 음악 역사에는 타고난 천재들이 자주 등장했어요.

수학 분야도 마찬가지예요. 타고난 천재들이 있습니다. 그렇다고 해서 천재가 아닌 사람들이 살리에리처럼 불행한 삶을 살 필요는 없어요. 천재가 아닌 사람도 수학을 즐기고 연구하고 나름의 역할을 할 수 있습니다. 수학 문제를 깊이 있게 풀어가다 보면, 자신의 한계를 느끼기도 하고 문제를 해결했을 때의 기쁨도 알게 됩니다. 이런 과정을 거치면서 수학적 사고에 차츰 익숙해지는 거죠. 수학 천재들이 미처 알지 못한 부분, 사람들에게 도움이 되는 분야에 얼마든지 기여할 수 있습니다. 자신에게 수학 재능이 없다고 미리 단정하고 포기하지 마세요.

Q. 04

미래에는 인공지능이 인간을 앞서게 될 텐데 인간이 수학을 여전히 연구하고 있을까요? 수학 문제를 만드는 역할 또한 인공지능이 대체하게 될까요?

딥러닝 기술이 크게 발전하면서 어떤 분들은 수학과 과학의 역할을 인공지능이 대신하지 않을까 생각해요. 딥러닝은 빅 데이터에서 질서와 패턴을 아주 빠르게 읽어 냅니다. 그렇게 되면 수학적·과학적 방식으로 찾아내고 이해하려는 기존 작업이 무의미해진다는 거죠. 또 어떤 분은 심지어 요즘은 인공지능이 외국어를 통역해 주니까 이제 외국어를 안 배워도 된다고 말해요.

그런데 저는 인공지능이 외국어 통역을 잘해 주는 시대가 되더라도 외국어를 배우는 건 가치 있다고 생각해요. 왜냐하면 외국어를 잘하면 그만큼 접할 수 있는 세계가 늘어나기 때문이에요. 자기 생각의 한계를 넘고 경험할 수 있는 세계가 넓어진다는 건 굉장히 중요합니다. 수학도 마찬가지예요. 인공지능이 인간보다 문제를 잘 해결할 수도 있어요. 그렇지만 인간은 합리적이고 논리적인 사고를 훈련해서 자기 영역을 확장할 수 있습니다.

기계와 구별되는 인간만의 특성이 무엇일까요? 저는 '호모 루덴스', 즉 놀이하는 인간, 즐거움을 찾는 인간이라고 생각해요. 인간은 자신이 가치 있고 의미있다고 생각하는 무언가에 대해 기꺼이 시간과 열정을 쏟아요. 그러면서 아무리 힘들고 어려워도 즐거워해요. 그건 인공지능이 못해 주는 것입니다. 인공지능이 아무리 뛰어나다고 해도 그 희열을 가져다주지는 못하지요. 여러분이 수학을 놀이처럼 여기고 재미를 붙이면서 합리적인 사고방식을 갖추게 되기를 바랍니다.

Q. 05

사회의 빈곤층에게 수학은 너무나 먼 세상 이야기로 들리지 않을까요? 당장 먹고사는 문제에 매달려야 하는 사람에게 수학이 어떤 의미가 있을까요?

제가 예전에 아프리카 케냐에 한 번 간 적이 있습니다. 그곳에서 마사이족 학교를 가 보았더니 초등학교 1학년부터 중학교 3학년까지 학생들이 한 교실에서 공부하고 있더라고요. 정말 열악한 환경이었습니다. 마침 수학 수업을 하고 있어서 잠깐 구경했어요. 그런데 학생들이 너무나 열심히 수업에 참여했어요. 제대로 먹지도 못했을 텐데, 학교까지 수 킬로미터를 걸어왔을 텐데, 교과서도 공책도 없는데, 왜 저렇게 즐겁게 수학 수업에 참여할까 궁금했어요.

학생들은 배움 자체에서 큰 기쁨을 느끼는 것처럼 보였어요. 수학은 그처럼 누가 시켜서 억지로 하는 게 아니라 즐겁게 공부해야 합니다. 그러다 보면 그 학생들 가운데 수학자·과학자·기술자·경제학자가 나올 수도 있을 거예요. 조심스럽게 표현하자면, 저는 그 수업을 보면서 어떤 희망을 느꼈어요.

어려운 처지에 놓인 가난한 사람일수록 자신이 처한 환경을 뛰어넘을 기회를 주는 건 결국 교육이라고 생각해요. 그중에서 수학은 가장 기본 과목이고요. 물론 빈곤층이 아니라도 자신이 처한 한계를 뛰어넘으려면 수학을 열심히 공부해야 해요. 합리적이고 논리적인 수학적 사고방식은 모든 학문의 출발점이니까요. 수학적 연습과 훈련을 통해서 날카롭게 단련된 사고력을 가지게 된다면 어떤 분야에서라도 훌륭한 결과를 내올 수 있습니다. 또 어려운 환경에 놓인 사람에게 도움을 줄 수도 있고요. 특히 청소년은 현재 환경에 구애받을 필요가 없습니다. 여러분 앞에 놓인 한계를 뛰어넘는 데 수학을 훌륭한 도구로 활용할 수 있기를 바랍니다.

FUN&LEARN

FUN&LEARN

FUN&LEARN

생각을 여는 미술 이야기

- 양정무 -

"미술은 작가의 표현만으로 완성되지 않는다.
관객의 공감과 해석이 덧붙여질 때
비로소 하나의 작품이 완성된다.
미술로 무언가를 표현하고자 한다면
세상과 끊임없이 소통해라."

PROFILE_양정무

한국예술종합학교 미술이론과 교수이다. 서울대학교를 졸업하고, 영국 유니버시티 칼리지에서 박사 학위를 받았다. 19대 한국미술사교육학회 회장, 한국미술경영학회 초대 회장을 역임했으며, 존스홉킨스대학교와 메릴랜드미술대학에서 방문 교수로 미술사를 연구하는 등 학자로서 활발한 활동을 하고 있다. 서양 미술의 발전을 상업주의와 연결시킨 연구로 학계의 주목을 받고 있다. 국립중앙박물관 강의를 비롯해 다양한 대중 강연과 학술 활동에 참여하고 있으며 네이버, 매경이코노미, 중앙일보 등 여러 매체에 관련 글을 쓰고 있다. 저서로는 《벌거벗은 미술관》《난생 처음 한번 공부하는 미술 이야기》1~7권 《시간이 정지된 박물관, 피렌체》《상인과 미술》《그림값의 비밀》이 있으며, 역서로는 《신미술사학》《조토에서 세잔까지》《그리스 미술》이 있다.

고대 손바닥 그림의 수수께끼

저는 미술사를 전공했어요. 제가 이렇게 이야기하면, "마술사예요?"라고 물어보는 분이 가끔 있어요. 그럼 제가 다시, "아뇨, 미술사요!" 하고 대답해요. 그래도 계속, "마술사요?" 하고 농담처럼 물어보고는 해요. 다시 한번 소개할게요. 저는 미술의 역사를 공부하고 가르치는 양정무입니다. 사실 저는 이런 말장난 같은 대화가 싫지 않아요. 왜냐하면 미술이 마술하고 아주 비슷하다고 생각하기 때문이에요. 제가 오늘 마술처럼 여러분 마음을 확 훔칠 수 있는 재미있는 미술 이야기를 들려줄까 해요.

먼저 여러분에게 질문을 하나 해볼게요. 이 세상에서 가장 오래된 그림을 본 적이 있나요? 우리 인간은 언제부터 그림을 그렸을까요? 호모 사피엔스는 4~5만 년 전에 처음 등장했고, 그때부터 그림을 그리기 시작했어요. 놀랍게도 그중에 몇몇 그림이 오늘날까지 남아 우리 앞에 모습을 드러내고는 합니다. 이 가운데 하나가 바로 인도네시아 동남부 슬라웨시섬에 살던 호모 사피엔스가 남긴 손바닥 그림입니다.

뒤쪽의 손바닥 그림을 자세히 보세요. 이 그림은 사실 붓으로 그린 게 아니라 스프레이 기법을 이용한 그림입니다. 즉 손바닥을 벽에 대고 그 주변에 물감을 뿌려서 자국을 남긴 거예요. 그 당시 호모 사피엔스가 오늘날 우리가 사용하는 스프레이를 가지고 있지는 않았겠죠? 아마도 물감을 대롱에 담아 뿌렸거나 입에 머금었다가 뿜었을 거예요. 너무 원시적인가요? 어쨌거나 고대 호모 사피엔스가 이 스프레이 기법을 발견했다는 사실은 매우 놀라운 일입니다. 이

4~5만 년 전 호모 사피엔스의 손바닥 그림

기법은 세련되고 발전된 모습으로 변화를 거듭하며 미술 역사에 끊임없이 등장합니다. 이 내용은 나중에 다시 다뤄 보겠습니다.

그보다 먼저, 이 그림 속 손바닥은 왼손일까요, 오른손일까요? 그냥 보기에는 왼손 같지만, 사실 그림 속 손바닥은 왼손이 될 수도 있고 오른손이 될 수도 있습니다. 왼손이었으면 손바닥을 벽에 대고 물감을 뿌렸을 테고, 오른손이었으면 손바닥이 자신을 향하게 한 다음에 물감을 뿌렸겠죠.

호모 사피엔스가 왜 손바닥 그림을 남겼는지는 알 수 없어요. 그냥 심심풀이 놀이일 수도 있고, 자기네 영역을 나타내는 표시일 수도 있고, 무언가를 기원하는 상징일 수도 있어요. 그런데 저는 이 그림을 보면서 문득 고대인이 후세대인 우리에게 수수께끼를 내놓은 게 아닐까 생각해 봤어요. 수수께끼를 풀면서 같이 이야기를 나눠

보자고 속삭이는 듯했어요. 미술 역사에서 그림 속에 수수께끼나 비밀을 숨겨 놓은 작품은 셀 수 없이 많습니다.

아래 20세기 네덜란드 화가 마우리츠 코르넬리스 에스허르의 그림 〈그리는 손〉을 보세요. 그림 속 손이 뫼비우스의 띠처럼 서로 엉켜 있네요. 손이 서로의 손을 그리고 있죠. 어떤 손이 그림을 그리는 손이고, 어떤 손이 그려진 손일까요? 에스허르가 서로 엉켜 있는 손 그림을 그리던 그때가, 화가가 이 사실을 알았는지 모르겠지만, 원시 미술이 세상에 막 알려지던 시기이기도 합니다.

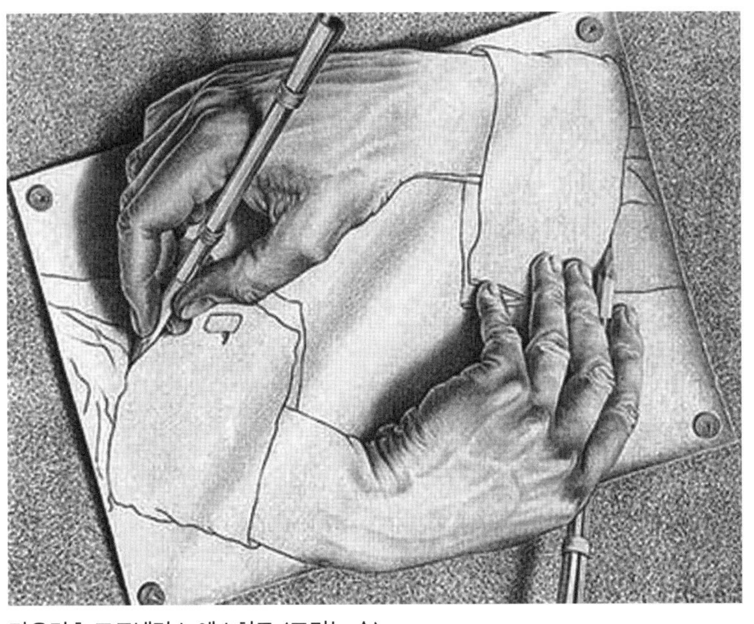

마우리츠 코르넬리스 에스허르 〈그리는 손〉

다음으로 뒤쪽의 그림을 볼까요? 우리가 어릴 적에 토끼인지 오리인지 맞혀 보라고 그리던 수수께끼 그림입니다. 여러분은 이 그

이 그림은 토끼일까, 오리일까?

림이 무엇으로 보이나요? 토끼인가요, 오리인가요? 또 다른 사물로 보이지는 않나요? 평생 토끼를 못 본 사람은 이 그림을 보면서 토끼를 떠올릴 수 없겠죠. 또 오리를 본 적이 없는 사람이라면 그림을 오리라고 생각할 수 없을 거고요.

작가는 자기가 알고 느끼고 꿈꾸는 무언가를 작품으로 표현하지만, 미술은 그것만으로 완성되지 않습니다. 관객이 보면서 공감하고 뭔가 새롭게 해석을 덧붙여야 비로소 작품은 완성됩니다. 관객도 자기가 알고 있는 지식과 경험을 바탕으로 함께 그림을 창작하는 것이죠. 작가와 관객이 각각 절반의 몫을 해내야 그림이 미술로서 가치를 지닌다고 생각합니다. 따라서 내가 미술로 무언가를 표현하려면 세상과 끊임없이 소통해야 해요. 내가 무엇을 보고 듣고 느끼고 바라는지, 어떻게 하면 효과적으로 보여 줄지, 또 관객이 이걸 토끼로 볼지 오리로 볼지 고민하면서 말이죠.

다시 앞쪽에 있는 고대인의 손바닥 그림을 볼까요? 만약 고대인이 이 그림을 통해 누군가와 이야기하려고 의도했다면, 정말이지 놀라운 일입니다. 그건 미술 역사에 등장하는 모든 작품의 존재 이유이자 목표니까요.

라스코 동굴 벽화 이야기

고대 호모 사피엔스는 그들이 보고 바라던 세계를 그림으로 표현했어요. 또 다른 구석기 시대 그림을 하나 소개할게요. 프랑스 남부 몽티냐 마을의 라스코 동굴에서 발견된 벽화입니다. 혹시 미술에 관심이 있는 사람이라면, '라스코 동굴 벽화 보기'를 꼭 버킷리스트에 기록해 두세요. 그런데 라스코 동굴에 가려면 고생할 각오를 해야 할 거예요. 프랑스 파리에서 몽티냐 마을까지 가는 데만 1박 2일이 걸려요. 어쨌거나 미술사나 고고학을 공부하는 사람이라면 꼭 한 번은 가 봐야 합니다.

라스코 동굴 벽화가 발견된 이야기는 아주 재미있어요. 이 동굴 벽화는 고고학자가 발굴한 게 아니에요. 1940년 어느 날, 이 동네에 살던 네 명의 청소년들이 발견했습니다. 네 친구들은 함께 뒷산으로 놀러 갔는데, 같이 데리고 갔던 강아지가 갑자기 조그만 구멍에 빠져 사라졌어요. 아이들은 강아지를 찾기 위해 구멍으로 들어갔어요. 그런데 좁은 구멍은 점차 넓은 동굴로 이어졌고, 그 동굴의 천장과 벽에는 놀라운 광경이 펼쳐졌습니다. 아이들의 이야기를 전해 들은 고고학자들은 곧장 동굴 벽화를 발굴하고 연구했어요. 그 결과 2만 년 전 구석기인이 그린 그림으로 밝혀졌습니다.

라스코 동굴 벽화 1

이제 그림을 자세히 살펴볼까요? '라스코 동굴 벽화 1'을 보면 여러 동물이 드넓은 초원을 거니는 모습입니다. 거대한 뿔을 가진 소떼가 가장 먼저 눈길을 사로잡고, 그 옆에 말과 사슴도 보입니다. 수만 년 전에는 프랑스와 유럽 지역에 이런 동물들이 우글우글 무리를 지어 살고 있었을 거예요. 그러니까 이처럼 사실적이고 정교하게 그릴 수 있었겠죠. 아마도 구석기인들은 초원을 뛰노는 동물을 동굴 벽에 그리면서, 그 동물을 사냥할 수 있기를 바랐을 거예요. 우리가 토끼를 좋아하는 사람은 토끼를 그리고 오리를 좋아하는 사람은 오리를 그리듯이, 2만 년 전 구석기인들은 자기들이 좋아하는 세계를 여기에 펼쳐놨겠죠. 저는 이런 생각도 해요. 벽화 그림을 그린 구석기인들은 오늘로 치면 유튜버, 크리에이터가 아니었을까? 그들은 자기들이 보고 느끼고 또 바라는 내용을 그림으로 그려서 같은 무리의 사람들에게 보여 줬을 거예요.

라스코 동굴 벽화 중에서 제가 가장 좋아하는 그림을 하나 더 보

라스코 동굴 벽화 2

여 드릴게요. '라스코 동굴 벽화 2'가 어떤 장면인지 한눈에 들어오나요? 사슴 대여섯 마리가 무리를 지어서 어디론가 가고 있네요. 그런데 머리 부분만 그려 놓고, 아래 몸통과 다리 부분은 울룩불룩한 바위의 결을 따라 과감하게 생략했어요. 이 구석기인은 바위의 거친 모양새를 배경으로 두고 그 위에 자연스럽게 사슴 머리를 그려서 멋진 장면을 연출한 거예요. 어쩌면 이 구석기인은 언젠가 강을 헤엄쳐 건너는 사슴 떼를 봤을 거예요. 그래서 라스코 동굴의 어느 바위 형태를 본 순간 멋진 생각이 떠올랐을 테고, 그 위에 사슴 머리만 살짝 그려 놓은 것이죠. 그랬더니 정말로 바위가 물결처럼 멋지게 표현되었습니다. 구석기인들이 이처럼 마법 같은 표현을 연출했다니, 놀랍지 않나요?

또 하나 구석기 시대 동굴 벽화를 볼까요? 라스코 동굴 벽화는 아니고요. 몽티냑 마을 근처에서 여러 동굴 벽화들이 발견됐는데, 그 중 하나입니다. 지금 뒤쪽의 그림을 먼저 볼까요? 이번에는 말이 주

몽티냑 마을 근처 동굴 벽화

인공입니다. 얼룩말처럼 보이네요. 특히 저는 오른쪽 말을 좋아합니다. 오른쪽 말의 머리를 한번 보시죠. 말의 머리 부분이 바위가 깨진 모양에 딱 들어맞게 그려져 있습니다. 이 그림을 그린 구석기인은 바위가 깨진 모양이 말의 머리로 보였던 것 같습니다. 바위가 깨진 부분을 보다가, 그게 토끼를 닮았는지 오리를 닮았는지 말을 닮았는지 다양한 상상을 한 다음에 거기에 맞춰 자신의 경험을 바탕으로 그림을 그렸던 거죠. 어떤 자연물을 이용해서, 자신의 경험과 상상을 바탕으로 굉장히 맵시 있게 멋진 작품을 만들어 냈습니다.

말의 등 쪽에 재미있는 모양이 보이네요. 뭡니까? 스프레이 기법 손바닥 그림입니다. 이 손바닥 그림은 아시아·유럽·아메리카 등 세계 곳곳의 고대 호모 사피엔스 유적에서 발견되고 있습니다. 이게 무엇을 의미하는지는 알 수 없지만, 스프레이 기법 손바닥 그림은 고대 호모 사피엔스에게 중요한 의미를 지녔다는 점은 분명해 보입니다. 어쨌거나 스프레이 기법 손바닥 그림은 원시 미술에서 중요한 위치를 차지합니다. 그러니까 오묘한 미술 세계를 향한 첫걸음이 바로 스프레이 기법 손바닥 그림인 셈입니다. 돌이켜 보면 우리가 글을 배우기 전에 어린이집에서 제일 먼저 했던 미술 작업도 손바닥에 물감을 묻혀서 찍는 놀이였어요. 이 사실을 그 시절에 알았다면 손바닥 찍기 놀이를 좀 더 신중하게 할 걸 그랬어요.

손바닥 그림과 추상 미술

•

고대인들의 손바닥 그림을 현대 미술에서 실제로 활용한 사례를 살펴볼까요? 잭슨 폴록은 현대 미술에서 아주 중요한 추상 표현주의 흐름을 창조한 화가입니다. 뒤쪽 그림은 폴록의 작품 〈NO. 1A〉입니다. 여러분, 이런 그림 보면 어떤 생각이 들어요? 화가는 대체 뭘 그린 걸까요? 어떤 이야기를 하고 싶었던 걸까요? 잭슨 폴록은 물감을 마구 던지는 방식으로 그림을 그렸어요. 물감을 던지고 뿌리는 행위 자체가 예술이라고 주장했으며, 이 과정을 통해 자신의 원초적인 내면을 표현했습니다. 이 그림의 오른쪽 윗부분을 보면, 손바닥에 물감을 묻혀서 캔버스에 찍어 놓았네요.

잭슨 폴록은 이 그림을 1950년에 그렸습니다. 라스코 동굴 벽화가 1940년에 발견됐다고 했잖아요. 어쩌면 잭슨 폴록은 라스코 동굴 벽화의 손바닥 그림을 보면서, 그 원초적인 표현 방식이 자신이 추구하는 추상 미술의 핵심이라고 생각했을 거예요. 그래서 의도적으로 손바닥에 물감을 묻혀서 캔버스에 찍어 놓지 않았을까요? 물

잭슨 폴록 〈NO. 1A〉

잭슨 폴록 〈NO. 1A〉의 오른쪽 위 손바닥 그림 부분

론 제 짐작이 틀렸을지도 몰라요. 잭슨 폴록이 즉흥적으로 물감을 흩뿌리다가 손에 물감이 묻어서 캔버스에 닦은 흔적일 수도 있습니다. 하지만 앞서 이야기했듯이, 미술 작품은 관객의 해석으로 완성되는 거잖아요. 구석기인의 미술 행위가 오랜 시간을 지나 잭슨 폴록의 추상 표현주의와 만났다고 해석하는 게 훨씬 흥미롭고 멋지지 않나요?

제가 이렇게 주장하는 데는 나름대로 근거가 있답니다. 고대 호모 사피엔스의 손바닥 그림이 현대 미술에 좀 더 구체적으로 영감을 준 사례를 소개할게요. 아래 그림은 영국 환경 예술가 리처드 롱

리처드 롱 〈머드 핸드 서클〉

의 작품 〈머드 핸드 서클〉입니다. 이 작품은 원시 동굴 벽화에서 영감을 받았다는 사실을 아예 드러내 놓고 보여 줍니다. 리처드 롱은 손바닥 자국으로 여러 겹의 동그라미 패턴을 보여 주고 있는데요. 특히 재료를 눈여겨볼 필요가 있습니다. 리처드 롱은 이 미술 작품을 통해서 관객들과 환경 문제를 이야기하고 싶어 해요. 그래서 진흙을 손바닥에 발라서, 마치 고대인이 동굴 벽에 손바닥 자국을 남기듯, 캔버스에 찍어 놓았어요. 고대로부터 내려오는 자연과 인간의 관계를 다시 한번 되새겨 보자고 제안하듯이 말이죠.

이처럼 손바닥 그림을 비롯한 원시 미술 작품은 현대 미술에 많은 영향을 끼쳤어요. 사례를 하나 더 소개할게요. 현대 미술 하면 빼놓을 수 없는 중요한 화가예요. 아마 모르는 사람이 없을걸요. 바로 파블로 피카소입니다. 피카소는 원시 미술에 담긴 원초적인 표현 방법을 그대로 가져와서 현대 미술에 접목했어요.

여러분도 한번쯤 본 작품일 텐데요. 피카소가 1907년에 그린 〈아비뇽의 처녀들〉입니다. 여성 다섯 명의 누드화인데, 배경과 인물이 이상하게 뒤틀리고 시점(視點)이 제각각이에요. 인물들의 눈·코·입과 몸 형태도 뒤틀려 있고, 커튼과 과일이 놓인 탁자도 제멋대로입니다. 피카소는 왜 이렇게 그림을 왜곡시켰을까요? 어떤 이야기를 나누고 싶어서 이 그림을 그렸을까요?

이 시기에 피카소는 아프리카 미술에 깊이 빠져 있었습니다. 당시 피카소의 작업실에는 아프리카 원주민의 조각 작품이 가득했어요. 아프리카 조각 작품은 사람이나 사물을 묘사할 때 어떤 부분을 과장되게 부풀리거나 과감하게 삭제해서 강한 인상을 주는 경향이 있습니다. 피카소는 이 아프리카 미술 양식을 응용해서 새로운 미술

파블로 피카소 〈아비뇽의 처녀들〉

양식을 창조했습니다.

아프리카는 상대적으로 늦게까지 원시적 원형이 유지되었고, 이런 표현 방식은 문명 세계에서는 거의 사라져 버린 상태였어요. 피카소는 현대 미술이 잃어버린 원시적 에너지와 생명력을 되살리기 위해 파격적인 모험을 시도했습니다. 피카소가 〈아비뇽의 처녀들〉에서 처음 선보인 미술 양식을 '입체주의'라고 부릅니다. 현대 미술은 입체주의를 기점으로 비로소 시작되었습니다. 현대 미술이 원시 미술로부터 영감을 받아서 시작되었다는 사실은 두고두고 곱씹어 볼 만합니다. 원시 미술은 현대 미술을 더 풍성하게 만들어 주었습니다. 미술이 마술처럼 우리 마음을 사로잡는 순간입니다.

거리의 화가 뱅크시

●

이제 최근에 사람들의 입에 가장 뜨겁게 오르내리는 현대 미술가의 작품을 소개하겠습니다. 바로 뱅크시입니다. 뱅크시는 영국인이라고 알려진 것 말고는 얼굴도 나이도 어디에서 사는지도 모릅니다. 마치 마스크를 쓴 마술사처럼 베일에 싸여 있습니다.

뱅크시는 거리의 화가입니다. 어느 날 어느 장소에 벽화를 남기고 흔적도 없이 사라집니다. 아래 그림은 뱅크시가 몇 해 전 크리스마스 때 폐허가 된 탄광촌의 한 건물 담벼락에 그린 벽화입니다. 우선 오른쪽 벽화만 볼까요? 어린 꼬마가 하늘에서 내리는 눈을 혀끝으

로 맛보고 있네요. 아마도 썰매를 타다가 눈이 내리자 한껏 들뜬 것 같아요. 두 팔을 벌리고 활짝 웃는 모습이 아주 행복해 보입니다.

그런데 이 아이 그림과 연결되어 그려진 왼쪽 벽화를 보면 아주 섬뜩합니다. 꼬마 아이가 반가이 맛보는 눈송이가 사실은 눈이 아니라 쓰레기를 태우면서 생겨난 재였어요. 아이의 천진난만한 표정과 잿빛 가루가 겹치는 장면을 보고 있으면 망치로 뒤통수를 맞은 것처럼 얼얼해지지 않나요? 뱅크시는 이 그림을 통해서 현대 문명이 심각한 환경 문제를 일으켜서 아이들의 몸과 마음을 멍들게 하는 현실을 날카롭게 보여 줍니다. 스모그와 미세먼지 문제로 골머리를 앓고 있는 우리에게도 더더욱 많은 시사점을 남깁니다.

뱅크시의 다른 작품을 하나 더 볼까요? 이 작품도 크리스마스 기간에 만들어졌어요. 한 사람이 거리의 긴 의자에 누워서 잠을 자고 있네요. 그런데 이 사람이 누운 긴 의자 옆에 그려진 벽화를 보세요. 루돌프 사슴 두 마리가 의자를 끌고 하늘을 나는 것처럼 그려 놓았네요. 덕분에 벽화와 어우러진 의자는 썰매가 되고, 의자에 누운 사

람은 산타클로스가 되었어요.

사실 의자에 누운 이 사람은 거리를 떠돌아다니는 노숙자랍니다. 추운 겨울에 마땅히 잘 데가 없어서 의자에 누워 잠을 청했던 거죠. 그런데 그때 뱅크시가 몰래 다가가 벽화를 그린 다음 자신의 SNS에 이 장면을 찍어서 올린 거예요. 뱅크시는 이 작품을 통해서 사람들이 노숙자에게 따뜻한 관심을 주고, 성탄절의 본래 의미를 되새겨 보기를 바랐을 거예요.

원시 미술 기법에서 빌려온 아이디어

이처럼 뱅크시는 때로는 날카롭게 때로는 익살스럽게 우리가 감춰 왔던 사회 문제를 작품에 담아 왔어요. 뱅크시의 작품은 주제 의식과 멋진 연출력뿐만 아니라 표현 기법도 눈여겨봐야 해요. 뱅크시는 고대 동굴 벽화의 손바닥 그림에서 쓰던 스프레이 기법을 그대로 활용했습니다. 정확히 말하자면, 스프레이 기법을 좀 더 정교하게 발전시킨 스텐실 기법으로 그림을 그려요.

뱅크시는 수많은 작품을 남기면서도 이제껏 자기 정체를 감추어 왔어요. 굉장히 빠르게 벽화를 그리고는 연기처럼 사라집니다. 어떻게 이런 일이 가능했을까요? 뱅크시는 벽화를 그릴 장소를 미리 답사해서 세밀하게 계획을 세웁니다. 작품 구상이 끝나면 종이에 밑그림을 그린 다음 물감으로 표현될 부분을 색깔별로 오려 냅니다. 그러고는 현장에 가서 계획했던 자리에 형태를 오려 낸 종이를 대고 스프레이를 뿌리면 끝입니다. 실제로 뱅크시가 현장에서 벽화를 그리는 데는 몇 분을 넘기지 않았을 거예요. 이 때문에 뱅크시의 스텐실 기법 벽화는 붓으로 캔버스에 그린 그림에 비해 간결하고 단순해요. 이 단순함이 주제 의식과 어우러져 우리에게 더 큰 울림을 줍니다. 뱅크시는 고대 인류가 남긴 그림 기법을 활용해서 오늘날 가장 영향력 있는 화가가 되었습니다. 마치 마법을 보는 것처럼 짜릿하지 않나요?

뱅크시의 작품을 몇 개만 더 볼까요? 작가는 요즘 어떤 작품을 그리고 있을까요? 뱅크시는 현대 사회의 문제를 날카롭게 파고드는 작품을 그린다고 했잖아요. 오늘날 세계에서 가장 가슴 아픈 사건이 무엇일까요? 무엇보다 러시아-우크라이나 전쟁이 아닐까요? 뱅크시는 전쟁의 비극에 빠진 우크라이나를 몰래 찾아갔어요. 그러고는 포탄으로 무너진 거리와 건물 벽에 여러 작품을 남겼어요.

그중에서 먼저 아이들이 시소를 타는 그림을 볼까요? 두 아이가 즐겁게 시소를 타고 있네요. 그런데 자세히 보면 그림이 그려진 벽

은 무너진 건물 잔해이고, 두 아이가 타는 시소는 차와 탱크를 가로막는 철제 구조물이에요. 전쟁의 참화가 할퀴고 간 장소를 아이들의 놀이터로 바꾸어 놓은 뱅크시의 상상력이 놀라울 뿐입니다. 뱅크시는 아이들의 순수하고 아름다운 마음이 결국 전쟁을 이겨낼 거라고 믿는 듯합니다.

이 밖에도 우크라이나에 간 뱅크시는 포탄으로 뚫린 구멍 위에서 체조 선수가 목에 깁스를 한 채 리듬 체조를 하는 모습, 작은 꼬마가 몸집 큰 어른(아마도 전쟁을 일으킨 러시아 지도자를 의미하는)을 유도 기술로 업어치기 하는 장면 등을 작품으로 남겼어요. 뱅크시는 전쟁의 참상을 낱낱이 고발하면서, 한편으로 우크라이나 국민과 세계인에게 희망의 끈을 놓지 말자고 이야기하는 것 같아요.

원시 미술과 현대 미술의 연결고리

마지막으로 뱅크시가 다른 분쟁 지역에 남긴 작품을 소개할게요. 뱅크시는 2005년부터 이스라엘과 팔레스타인이 서로 첨예하게 갈등하고 있는 지역을 자주 찾아가 작품을 남겼어요. 이스라엘은 2002년부터 팔레스타인 서안 지구를 거대한 콘크리트 장벽으로 에워싸고 있어요. 이 장벽이 완성되면 730킬로미터에 이르는 거대한 감옥이 생겨나는 것이나 마찬가지예요. 뱅크시는 팔레스타인 사람들이 고통받는 현실을 보고, 거대한 장벽에 그림으로 구멍을 뚫었어요. 꼬마 아이가 물감 통과 붓을 들고 환하게 웃는 그림이에요. 아이가 그린 하늘이 정말 파랗지 않나요? 뱅크시는 정말로 장벽이 허물어지는 날이 올 거라는 희망을 담아서 이 벽화를 남겼을 거예요.

팔레스타인 사람들은 이스라엘 군대의 위력적인 살상 무기에 맞서 화염병이나 돌을 던지면서 시위를 벌이곤 해요. 뱅크시는 서로 끝없이 미워하며 싸우는 모습이 너무 안타까웠나 봐요. 베들레헴 거리의 건물 벽에 아래 그림을 남겨 놓았네요. 팔레스타인 투사의 손에 꽃을 안겨 주었습니다. 돌이나 화염병 대신 꽃을 던지자고 제안한 거예요. 세계에서 가장 위험한 분쟁 지역에 내보인 이 작품에 많은 사람들이 크게 공감했고, 뱅크시의 대표 작품 가운데 하나가 되었습니다.

뱅크시가 스프레이 기법, 스텐실 기법으로 벽화를 그렸다고 했잖아요. 여기에 더해서 뱅크시의 벽화에는 또 다른 공통점이 하나 더

있어요. 바로 주변 사물과 환경을 절묘하게 이용해서 그림을 그린다는 점이에요. 어떤 공간이나 사물을 나만의 시선으로 해석하고, 거기에 새로운 영감을 살짝 얹어서 표현하는 예술 행위를 전문 용어로 '사이트 스페시픽'이라고 해요.

인공물이나 자연물을 이용해서 조화롭게 만들어 낸 작품이라면……, 어디에선가 본 듯하지 않나요? 맞아요, 사슴 무리가 물 위로 머리를 빼꼼 내밀고 헤엄치던 라스코 동굴 벽화에서 봤어요. 현대 미술의 많은 부분이 원시 미술에서부터 면면히 이어져 내려왔다는 사실을 또 한 번 확인할 수 있습니다.

여기에서 소개하지 못한 다른 작품을 보더라도 원시 시대부터 현대까지 미술은 아주 밀접하게 연결되어 있습니다. 아무리 천재적인 화가도 앞선 화가들로부터 영향을 받았고, 우연처럼 보이는 작품도 반드시 이전 시대의 작품을 자양분 삼아 탄생했습니다. 미술사의 시간을 거슬러 올라가면서, 저는 원시 미술이 가진 매력에 매료되었습니다. 여러분도 기회가 된다면 미술사를 깊이 있게 알아 가는 시간을 가졌으면 좋겠어요. 어렵지 않아요. 저는 여러분 같은 학생 시절에 제일 좋아했던 과목이 미술하고 역사였어요. 그래서 행복하게도 미술사를 직업으로 삼게 되었고요. 이 두 과목에 대한 관심만 있으면, 꼭 전공까지는 아니라도, 미술사를 재미있게 배울 수 있을 거예요. 제 이야기가 미술사에 대한 흥미를 불러일으켰기를 바라면서, 이상 마치겠습니다.

Q. 01

뱅크시가 그린 그림들을 보니까 서로 분위기가 다른 것 같아요. 뱅크시가 여러 명인가요?

진짜 예리한 질문이에요. 현재 다양한 의견들이 있어요. 한 명이 아니라는 의견도 있고, 처음에는 한 명이 시작했지만 나중에 뱅크시를 따라 하는 사람이 생겨났다는 의견도 있어요. 또 뱅크시가 그림 작업을 할 때 주변에서 망을 봐주거나 작업 도구를 챙겨 주는 사람도 있을 거라는 이야기도 있고요.

사실 뱅크시는 비록 얼굴은 가렸지만, 스스로 영화도 찍었고, SNS 활동도 열심히 해요. 그러니까 작정하고 정체를 밝혀내려면 아주 불가능하지는 않겠죠? 하지만 글쎄요. 어떤 것들은 그냥 수수께끼로 남는 게 더 멋지고 즐거울 때도 있어요. 그냥 이것저것 궁금해하고 여러 가지 가능성을 상상해 보는 데서 멈추는 거죠. 열린 결말로 놔둬야 계속해서 그 매력적인 활동을 볼 수 있을 테니까요.

Q. 02

뱅크시의 벽화 작품은 빠르게 훼손될 텐데 어떻게 보관하나요?

담벼락에 그린 그림은 원래 누가 그 위에 낙서도 하고, 만지고, 또 비바람에 조금씩 씻겨져 사라져요. 뱅크시도 자기 그림이 자연스럽게 사라지기를 원해요. 말하자면 기존 예술 작품처럼 액자에 넣어 보관하거나 박물관에 전시하는 방식을 거부하는 거죠. 그런데 뱅크시 그림 애호가들은 그림이 사라지는 걸 원하지 않겠죠? 여기에서 문제가 생겨나기도 해요.

이건 좀 슬픈 이야기예요. 뱅크시의 그림은 늘 사회적 약자와 그늘진 곳을 향해 있어요. 그림 내용뿐만 아니라 그리는 방법에까지 자기 메시지를 담았어요.

거리의 허름한 벽에 스텐실 기법으로 그린 다음, 모든 사람이 그걸 볼 수 있게 한 거죠. 뱅크시는 자기 작품이 애호가들 사이에 거래되거나 미술관에 전시되는 걸 별로 달갑지 않게 생각해요. 하지만 애호가들은 그럴수록 뱅크시의 작품을 비싼 값에 거래하고요. 놀라운 아이러니입니다.
작가와 사회가 이처럼 미술 작품을 바라보는 차이를 보이는 현상도 깊이 생각해 볼 가치가 있습니다. 이를 통해 예술에 대한 새로운 시각을 배우는 거죠.

Q. 03

라스코 벽화를 그릴 때 물감 재료가 어떤 거였나요?

원시 시대에는 물감이 없었을 텐데 과연 어떤 재료로 그림을 그렸을까요? 모래와 흙과 돌을 한번 자세히 들여다보세요. 제각각 색깔이 있어요. 붉은색 흙은 붉은색 물감으로, 노란색 돌은 그걸 갈아서 노란색 물감으로 썼어요. 또 나무를 태우고 남은 숯은 검은색 물감으로 썼을 테고요. 이처럼 고대인들은 물감 재료를 자연에서 찾았어요. 이걸 물에 개서 입에 머금거나 대롱에 넣었다가 후후 불어서 뿌리는 스프레이 기법도 즐겨 썼고, 아니면 동물 가죽 같은 데다가 묻혀서 그림을 그렸어요.
그런데 고대인들이 자연 재료로 그린 그림은 어떻게 오랜 세월 동안 형태를 유지할 수 있었을까요? 안료나 풀이 없었을 텐데 말이죠. 그게 수만 년이 지난 지금까지도 지워지지 않은 이유가 무엇일까요? 동굴이라는 환경적 조건 때문입니다. 동굴 안쪽은 비바람이 없고, 온도와 습도가 상대적으로 일정하게 유지되죠. 물론 사람들이 훼손하는 일도 없었을 테고요. 고대인들은 동굴 밖 들이나 산속 바위에도 그림을 그렸을 거예요. 하지만 이들 그림은 비바람에 씻겨 사라지고, 동굴 벽화만 남은 거죠.
한 가지 우려되는 점은, 동굴 벽화가 알려지고 사람들 발길이 잦아지면서 동굴 환경이 빠르게 변화하고 있어요. 사람들 체온으로 온도도 바뀌고, 내뱉는 호흡 때문에 이산화 탄소도 많아지고, 불빛에 노출되면서 그림이 훼손되는 거죠. 그래서 요즘에는 라스코 동굴 벽화를 일반인에게 공개하지 않아요. 안타

깝지만 몽티냑에 가더라도 진짜 작품을 볼 수는 없어요. 그래도 동굴 벽화를 꽤 그럴듯하게 재현해 놓은 작품을 볼 수 있습니다. 꼭 한번 가서 보세요.

Q. 04

우리나라에도 원시 벽화가 있나요? 있다면 세계 원시 미술과의 공통점이나, 다른 원시 벽화에서는 볼 수 없는 새로운 표현 방식 같은 게 있을까요?

우리나라에도 원시 벽화가 있습니다. 어디냐면 울진 태화강 상류에 있는 반구대 암각화예요. 암각화는 바위를 쪼아서 새긴 그림을 말해요. 이런 암각화는 다른 원시 벽화에도 자주 나타납니다. 그런데 반구대 암각화는 다른 벽화와 비교해서 밀도와 묘사력이 매우 뛰어납니다. 예를 들어, 라스코 동굴 벽화에 가장 많이 등장하는 동물은 황소의 조상 격인 오록스입니다. 오록스는 황소보다 훨씬 커요. 라스코 동굴 벽화가 유명한 이유 가운데 하나가 오록스를 아주 생동감 있게 묘사해서 예술성을 높이 인정받기 때문입니다.

반구대 암각화에는 고래가 가장 많이 등장해요. 어른 고래, 새끼 고래, 새끼를 밴 고래, 심지어 작살에 맞은 고래까지 40여 마리가 새겨져 있습니다. 아마도 고대인들은 동해 바다를 헤엄치는 고래를 사냥했을 테고, 그 모습을 떠올리며 바위에 그려 새겼을 거예요. 그 꼼꼼한 묘사와 멋진 구도는 라스코 동굴 벽화에 뒤지지 않는다고 생각해요.

반구대 암각화는 강변의 커다란 바위에 새겨져 있어요. 암각화는 온도나 습도에 아주 민감하지 않아서 오랜 세월을 버텨 왔어요. 하지만 태화강에 댐이 만들어진 뒤로 암각화가 물에 잠기곤 하면서 빠르게 훼손되고 있어요. 세계적으로 자랑스러운 이 원시 예술 작품을 어떻게 하면 보존할 수 있을까요? 우리 모두에게 남겨진 아주 큰 숙제입니다.

참고로 반구대 암각화는 태화강 건너에서 망원경으로 볼 수 있어요. 댐에 물이 덜 차는 겨울에, 해가 조금 기울어서 그늘을 드리우는 늦은 오후에 가면 암각화를 관찰하기 좋아요.

Q. 05

미술사에 관심을 가지게 된 특별한 계기가 있나요? 또 요즘에 유달리 눈길이 가는 작가가 있나요?

제가 중·고등학교 때 점수가 잘 나오고 선생님에게 칭찬도 듣고 공부할수록 흥미가 생기는 과목이 미술과 역사였어요. 이 두 과목이 합쳐지면 미술사거든요. 결과적으로 저는 전공 선택을 기막히게 한 거죠. 중·고등학교 때부터 지금까지 계속 한 방향으로만 걸어왔으니까, 한편으로는 단조롭지만 한편으로는 행복한 삶을 살았다고 생각해요.

여러분도 아마 흥미가 생기고 재미있는 과목이 있을 거예요. 저는 여러분이 그 느낌을 계속 살려 가기를 바랍니다. 자기가 좋아하는 분야를 전공으로 공부하고 직업으로 선택할 수 있다면 아주 행복할 거예요.

그리고 저는 제가 감상한 작품을 그린 모든 미술가들을 좋아하고 응원합니다. 앞으로 기회가 되면 한국 작가들에 대한 연구를 많이 하고 싶어요. 굳이 구체적인 이름을 말하자면, 한국 추상 미술의 선구자 김환기, 힘겨운 환경에도 동화 같은 그림을 남긴 이중섭, 한국의 토속적인 정취를 살려 낸 박수근 화가를 좋아합니다.

그리고 물방울 그림으로 유명한 김창렬 작가도 좋아합니다. 김창렬 작가는 젊은 시절부터 그림으로 이름을 알렸지만, 새로운 화법에 대한 갈증으로 고민하다가 40살이 넘는 나이에 프랑스 파리로 건너갑니다. 그리고 그곳에서 수많은 고민과 실험을 거듭하다가, 마침내 물방울 그림을 그리기 시작합니다. 물방울 작품을 보고 있으면, 작가가 우리나라의 역사적 비극과 개인의 예술에 대한 갈망을 얼마나 응축해서 정화해 냈는지 느껴집니다. 그래서 요즘 유달리 눈길이 가는 작가입니다.

FUN&LEARN

FUN&LEARN

FUN&LEARN

핵융합 에너지 실현을 위한 인공태양 이야기

- 유석재 -

"인류가 사용할 미래 에너지는
핵융합 에너지로 귀결되고 있다.
미래 국가의 힘은 에너지 자원에서 나올 것이다.
인공태양 개발을 통해
우리나라가 온전한 에너지 독립국이 되고,
나아가 세계를 이끄는 나라가 되길 기대해 본다."

PROFILE_유석재

한국핵융합에너지연구원 원장이다. 서울대학교에서 학사, 석사 학위를, 독일 카를스루에 공과대학에서 박사 학위를 받았다. 국가핵융합연구소 플라즈마기술연구센터장, 국가핵융합연구소 선임단장을 거쳐 국가핵융합연구소 소장을 역임했다. 현재 ITER 국제기구 이사회 이사와 국제에너지기구(IEA) 핵융합발전조정위원회 위원으로 활동하고 있다. 과학기술부 우수성과 100선 장관표창, 한국진공학회 플라즈마학술상을 수상했고, 과학기술진흥 유공훈장 도약장을 수훈했다.

미래 에너지의 몇 가지 조건

한국핵융합에너지연구원 원장 유석재입니다. 핵융합 에너지에 관해 여러분과 이야기를 나누게 되어 개인적으로나 우리 기관을 대표해서 굉장히 기쁘고 고마운 마음입니다. 핵융합 에너지 분야는 앞에 '핵' 자가 붙어서 좀 어렵고 무서운 이미지를 가지고 있는데요. 이 시간 이후로는 긍정적인 이미지로 바뀌기를 바랍니다. 저는 핵융합 에너지가 인류의 미래를 책임질 가장 현실적이고 거의 유일한 대안 에너지라고 생각해요. 여러분에게 핵융합 에너지 기술이 어느 정도 진행되었는지, 앞으로 해결해야 할 과제는 무엇인지 이야기를 들려 드리겠습니다.

여러분, 오늘날 우리는 기상 이변 문제를 피부로 느끼고 있어요. 북극과 남극에서는 빙하가 녹아내리고, 반대로 열대 사막에서는 폭설이 내립니다. 세계 곳곳에서 비가 내리지 않아 강물이 말라붙고, 반대편에서는 폭우가 쏟아져 온 마을이 물에 잠기기도 하고요. 예측할 수 없는 이상 기후 현상이 빈번하게 일어나면서 인간과 생태계가 고통받고 있어요.

도대체 왜 기상 이변이 일어날까요? 지구의 평균 기온이 해마다 빠르게 상승하기 때문이에요. 왜 지구 기온이 상승할까요? 주범은 이산화 탄소예요. 1850년대 산업혁명 이후에 산업사회의 이산화 탄소 배출량이 폭발적으로 증가했어요. 이산화 탄소는 대기 중에 오래도록 머물며 적외선 에너지가 지구 밖으로 빠져나가는 것을 막아서 지표면으로 되돌려 보냅니다. 적외선 에너지는 지표면을 뜨겁게 달구고 결과적으로 지구 온난화 현상이 일어납니다. 산업혁명 이후

빠르게 녹고 있는 남극의 빙하

눈 내린 소노란 사막

가뭄으로 갈라진 땅

세계 이산화 탄소 배출량 그래프와 지구의 평균 기온 그래프를 비교해 보면 그 이유를 좀 더 명확히 알 수 있습니다.

온실 효과를 막으려면 이산화 탄소 발생량을 줄이는 수밖에 없어요. 그래서 국제사회는 이산화 탄소 배출을 줄이자고 약속했어요. 하지만 그게 쉽지 않아요. 산업혁명 때부터 우리는 석탄과 석유 같은 화석 연료로 에너지를 만들어 사용해 왔는데, 이 화석 연료를 사용하는 한 이산화 탄소를 배출할 수밖에 없어요. 우리 삶의 질이 높아지고 경제가 발전할수록 에너지 수요가 증가하고, 이에 따라 화석 연료 사용량도 더 많아졌으니까요.

우리는 아주 중요하고도 어려운 문제 앞에 놓여 있습니다. 어떻게 하면 이산화 탄소를 배출하지 않으면서도, 인류 문명을 더욱 발전시키는 에너지를 공급할 수 있을까요? 새로운 대안 에너지는 몇 가지 조건을 갖추어야 합니다.

첫째, 인류 문명을 유지·발전시킬 수 있을 만큼 에너지 공급량이 풍부하고 자원 제한이 없어야 합니다. 둘째, 인간과 생태계가 지속 가능하도록 친환경적이어야 합니다. 이산화 탄소를 비롯한 오염 물질을 배출해서 자연환경을 훼손한다면 지구는 돌이킬 수 없는 위기에 빠질 게 뻔합니다. 셋째, 어떤 경우라도 에너지원을 안정적으로 제어할 수 있어야 합니다. 그래서 이 에너지 기술을 우리가 믿고 안전하게 쓸 수 있어야 합니다.

연도별 세계 이산화 탄소 배출량

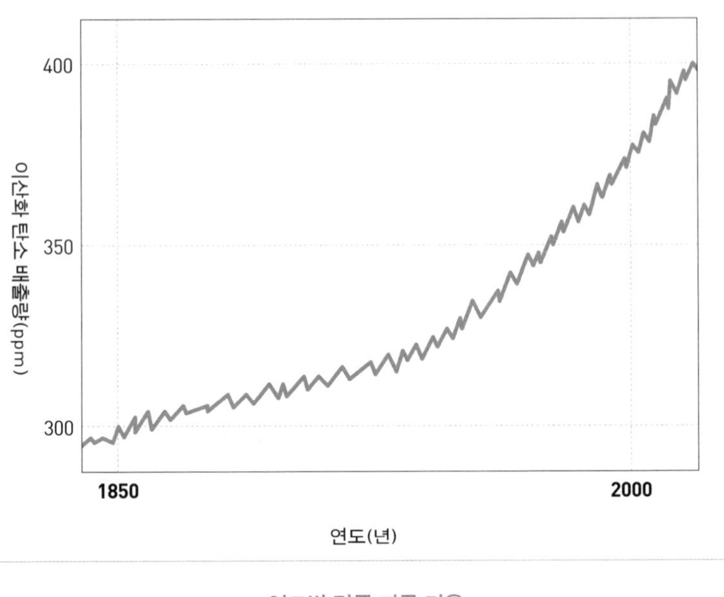

연도별 평균 지구 기온

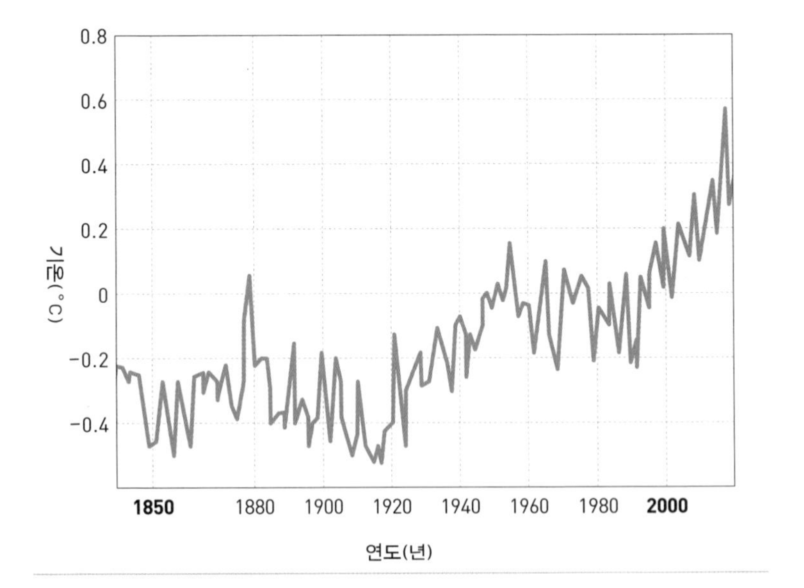

왜 인공태양 에너지일까

앞서 이야기한 조건에 맞는 에너지를 찾기 위해서는 먼저 지구에서 활용 가능한 에너지가 어떤 게 있는지 알아야겠죠? 아인슈타인의 특수상대성이론에 따르면 에너지(E)는 질량(M)과 빛의 속도의 제곱(C^2)을 곱한 값과 같아요. 이 에너지-질량 등가 원리를 공식으로 표현한 게 '$E=MC^2$'입니다. 에너지-질량 등가 원리에 따르면 에너지는 질량과 같은 값의 의미를 가져요. 다시 말해서 모든 에너지는 물질의 질량을 태우면서, 즉 질량이 결손되면서 발생합니다.

에너지-질량 등가 원리를 기준으로 보자면, 지구에서 사용할 수 있는 에너지는 크게 핵융합 에너지와 핵분열 에너지로 구분됩니다. 핵분열 에너지는 1942년에 미국에서 과학자들이 핵분열 연쇄 반응을 제어하는 데 성공하고, 1954년에 러시아에서 원자력 발전소를 가동하면서 오늘날 중요한 에너지원으로 자리 잡았어요.

핵융합 에너지는 다시 태양 에너지와 인공태양 에너지로 나눌 수 있어요. 태양 에너지는 스스로 핵융합 하면서 에너지를 생산합니다. 지구의 모든 생명체는 태양 에너지를 자양분 삼아 생명 활동을 유지합니다. 따라서 우리가 사용해 오던 대부분의 에너지는 결국 태양 에너지로부터 나왔어요. 공기·물·나무·화석 연료 등에 저장된 태양 에너지를 우리가 사용해 왔던 거죠. 인공태양 에너지는 태양의 핵융합 반응 원리에서 아이디어를 빌려 왔어요. 우리 인간의 과학 기술로 핵융합 반응을 일으키는 인공태양을 만들어 사용하는 에너지입니다.

우리는 그동안 화석 연료 중심의 태양 에너지와 원자력 에너지를

에너지-질량 등가 원리에 따른 활용 가능 에너지 분류

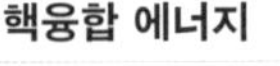

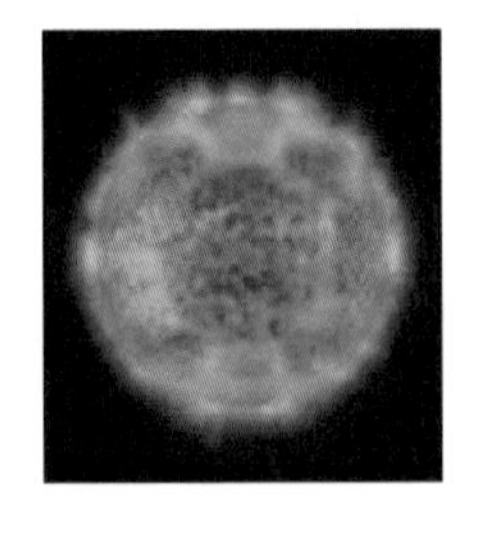

태양 에너지

- 화석 연료: 석탄, 석유, 가스 등
- 바이오 에너지: 목재, 식량 등
- 재생 에너지: 태양광, 풍력, 수력 등

인공태양 에너지

- 원료: 바닷물(중수소, 리튬)

핵분열 에너지

원자력 에너지

- 원료: 우라늄

기반으로 문명을 발전시켜 왔습니다. 이들 에너지는 우리 삶을 편리하고 풍요롭게 해 주었지만, 그럴수록 지구 환경은 크게 병들고, 자원은 메말라 갔고, 원자력 발전은 폐기물 처리 문제로 골머리를 앓고 때때로 큰 재앙을 불러오기도 했습니다. 이런 문제를 해결하려면 안전하고 영구적이며 친환경적인 인공태양 에너지를 시급히 개발해야 합니다.

자원과 활용 기술을 기준으로 지구에서 활용 가능한 에너지를 다시 분류해 볼까요? 먼저 자원을 기반으로 하는 화석 연료와 바이오 에너지, 다음으로 자원과 기술이 적절하게 결합한 재생 에너지와 원자력 에너지, 마지막으로 기술이 큰 비중을 차지하는 인공태양 에너지로 나눌 수 있습니다.

자원과 기술에 따른 활용 가능 에너지 분류

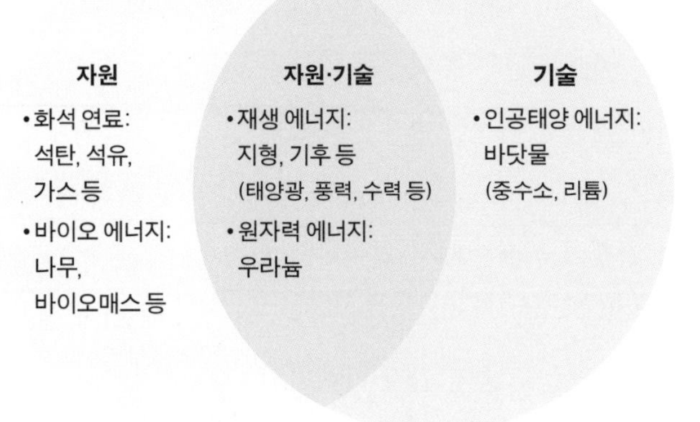

인공태양에 필요한 자원은 중수소와 리튬입니다. 중수소는 바닷물을 전기 분해해서 얻을 수 있습니다. 바닷물은 지표면의 70퍼센트 정도를 차지하고 있으며 거의 무한대의 자원이라고 할 만큼 풍성합니다. 미래 에너지는 자원 기반에서 벗어나 기술 중심으로 생산되어야 합니다. 이 기준에 따르더라도 인공태양 에너지가 최선의 대안으로 떠오르고 있습니다.

핵융합 에너지 원리

이제 인공태양 에너지에 대해 좀 더 구체적으로 알아보겠습니다. 원자력 발전은 우라늄의 핵을 연쇄적으로 분리해서 발생하는 에너지를 전기로 변환해서 사용합니다. 그런데 아인슈타인의 에너지-질량 등가 원리에 따르면 핵이 융합할 때도 엄청난 에너지가 발생해요. 빛과 열을 내뿜는 태양이 그 생생한 증거입니다. 인공태양은 앞서 이야기했듯이, 태양의 핵융합 원리를 이용해서 에너지를 생산하는 기술이에요.

그러면 태양의 핵융합 반응은 어떻게 일어나는 걸까요? 태양에서는 초고온 상태에서 수소와 수소의 핵이 충돌(융합)하면서 헬륨으로 바뀌는 과정이 되풀이해서 일어나고 있어요. 인공태양도 기본적으로 이 원리를 이용합니다. 수소는 지구와 우주에 아주 풍부하게 존재하고, 또 원소들 중에 가장 가벼워서 다른 원소들보다 비교적 쉽게 핵융합 반응을 이끌어 낼 수 있습니다. 이론상으로는 다른 원소들도 핵융합 반응을 이끌어 낼 수 있지만, 현재로서는 수소가 가장 효율적인 자원입니다. 수소를 이용한 핵융합 반응 기술은 크게 세 가지로 분류할 수 있어요.

첫째, 중수소와 삼중수소 핵융합 방식, 둘째, 중수소와 중수소 핵융합 방식, 셋째, 중수소와 헬륨 핵융합 방식입니다. 여기에서 중수소는 뭐고, 삼중수소는 또 뭘까요? 수소는 원래 핵에 양성자 하나만 있는 원소입니다. 그런데 여기에 중성자가 하나 더 들어 있는 수소를 중수소라고 해요. 삼중수소는 중성자 두 개가 결합된 수소의 동위원소를 이르는 말이고요. 중수소는 바닷물을 전기 분해해서 얻을 수 있고, 삼중수소는 핵융합로 안에서 리튬과 중성자의 반응을 거쳐 얻을 수 있습니다.

세 가지 수소 핵융합 반응 기술 가운데 첫 번째로 언급한 중수소와 삼중수소를 핵융합 하는 방식이 가장 확률이 높습니다. 그래서 첫 번째 방식에 집중해서 기술을 개발하고 있어요. 물론 나중에는

대표적인 수소 핵융합 반응 기술

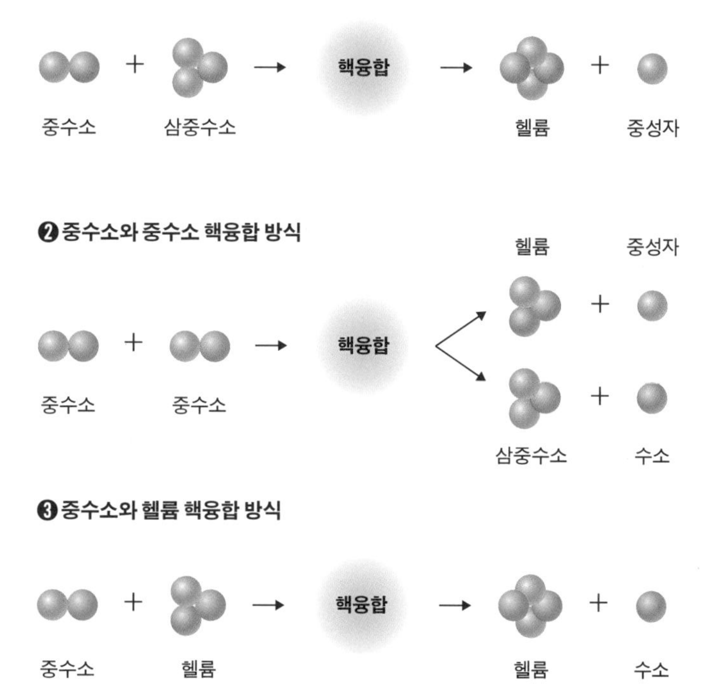

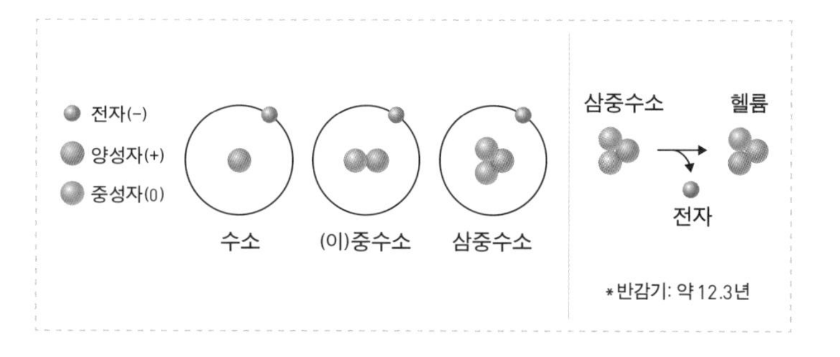

두 번째, 세 번째 방식으로도 핵융합 반응 기술이 발전하리라고 생각합니다.

플라스마 상태에서 핵과 전자 잡아 두기

중수소와 삼중수소 핵융합 반응 기술을 좀 더 자세히 들여다볼까요? 수소 원소(중수소와 삼중소수)는 가운데 핵이 있고, 그 바깥 궤도에 전자가 있습니다. 자연 상태에서 전자는 음의 전기를 띠면서 다른 전자와 가까이 만나면 서로 밀쳐 냅니다. 이런 상태에서는 핵융합이 일어나지 않습니다. 그런데 초고온 상태에서는 전자 궤도가 끊어지면서 전자와 핵이 자유롭게 움직입니다. 이런 상태를 '플라스마'라고 합니다.

플라스마 상태에서 전자에서 벗어난 핵은 다른 핵과 만나 융합 작용을 일으킬까요? 그러지 않아요. 핵은 양의 전기를 가지고 있어서 다른 핵과 서로 밀어냅니다. 따라서 핵과 핵이 서로 밀어내는 힘을 이겨 내는 운동 에너지를 가지도록 또다시 가열해 주어야 합니다. 그런데 물리법칙에 따르면 기체는 온도가 올라갈수록 팽창합니다. 초고온 상태에서 전자와 핵은 밖으로 벗어나려고 날뜁니다. 이 전자와 핵이 멀어지지 않도록 한 공간 안에 꼭 잡아 두는 게 플라스마를 다루는 핵심 기술입니다.

태양은 플라스마 상태에서 중력으로 기체를 잡아 둡니다. 태양 중심부 온도는 1500만 도쯤 되는데, 사실 핵융합을 일으키기에 적당한 초고온 상태는 아닙니다. 그 대신 매우 강한 중력으로 수소 핵을

핵융합 장치 기본 개념

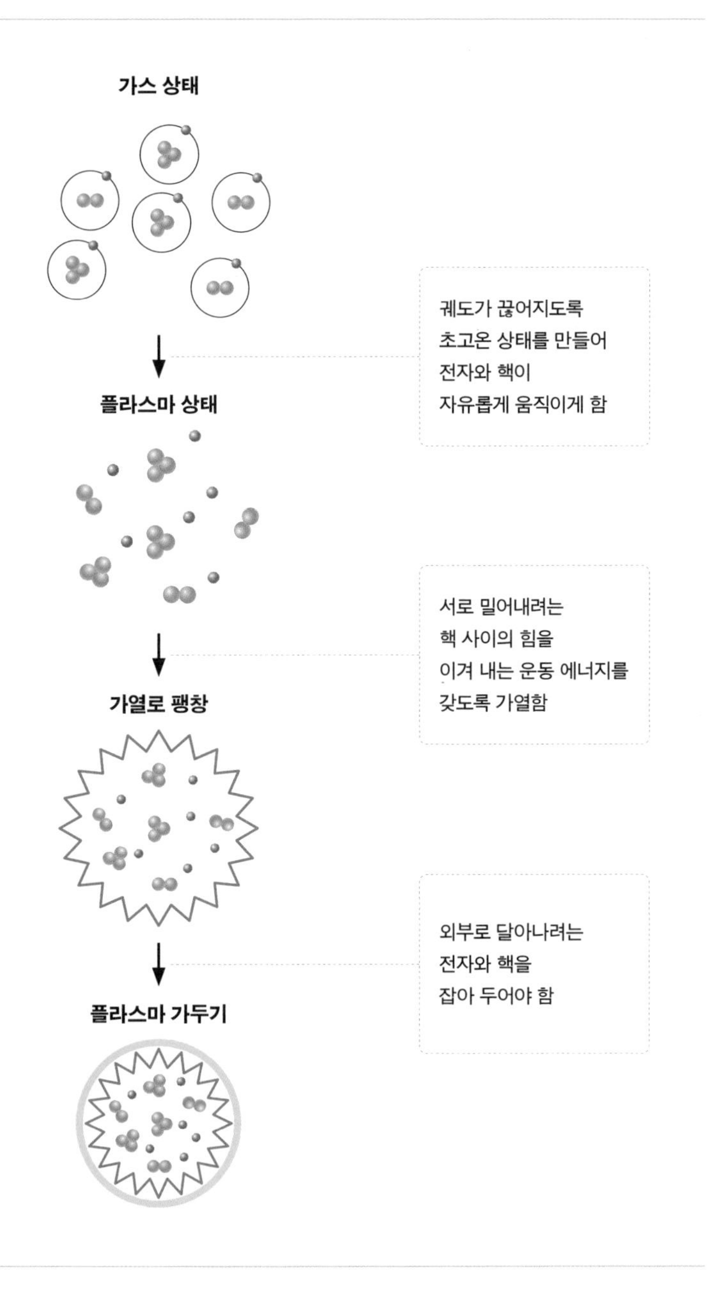

가스 상태
궤도가 끊어지도록
초고온 상태를 만들어
전자와 핵이
자유롭게 움직이게 함
플라스마 상태
서로 밀어내려는
핵 사이의 힘을
이겨 내는 운동 에너지를
갖도록 가열함
가열로 팽창
외부로 달아나려는
전자와 핵을
잡아 두어야 함
플라스마 가두기

붙잡고 있어서 핵융합이 안정적으로 이루어집니다. 그러면 인공태양은 어떤 방법으로 기체를 잡아 두어야 할까요? 현재 연구되는 기술로는 레이저 방법과 전자석 방법이 있어요. 이 가운데 전자석 방법을 소개할게요.

먼저 전자석으로 일종의 자기장 그릇을 만듭니다. 이 자기장 그릇은 핵이 도망가지 못하게 잡아 두는 역할을 합니다. 공중에 둥둥 떠 있는 전자기장 그릇은 중력이 없으니, 그 대신 온도를 1억 5000도까지 높여서 핵융합을 일으킵니다. 전자석 방법은 인공태양 에너지를 만들어 내는 데 가장 근접한 기술입니다.

인공태양 개발을 위한 핵심 기술

인공태양 개발 기술은 현재 어느 수준까지 발전했을까요? 언제쯤 에너지를 생산해서 실용화할 수 있을까요? 인공태양 개발 기술은 크게 네 단계로 나뉩니다.

첫 번째 단계는 핵융합 연료인 수소를 플라스마 상태에서 잘 모아 두는 기술입니다. 우리 한국핵융합에너지연구원은 1억 도가 넘는 상태에서 플라스마를 오랫동안 안정적으로 담아 두는 '케이스타(KSTAR, 한국형핵융합연구로)'라는 장치를 개발했습니다. 앞서 이야기한 자기장 그릇 기술을 이용한 도넛 모양의 초전도전자석(토카막) 안에 플라스마를 가두는 장치예요. 케이스타는 지름 10미터, 높이 10미터쯤 됩니다. 케이스타는 지난 2021년에 세계 최초로 1억 도 초고온 상태를 30초 동안 유지하는 데 성공했어요.

인공태양 개발 단계

❶ 연료를 모아 두는 기술

초고온, 고밀도 연료(플라스마)를 모아 두는 기술

❷ 연료가 스스로 타게 하는 기술

핵융합 반응을 연쇄적으로 일으키는 기술

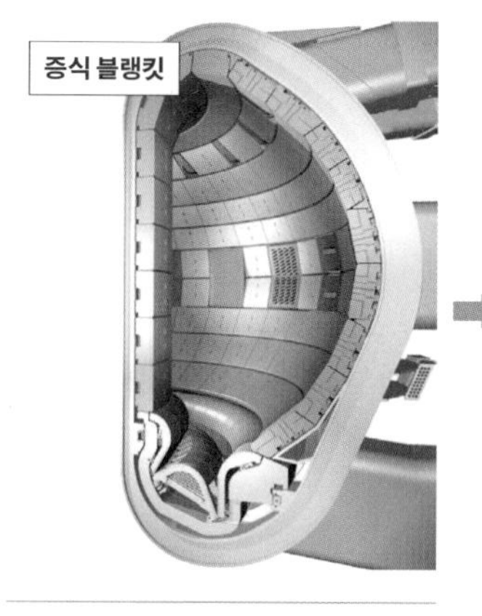

❸ 연료를 공급하는 기술

연료 생산 및 에너지 변환 기술

❹ 생활 에너지로 변환하는 기술

핵융합 에너지로 전기를 생산하는 기술

우리 연구원은 2026년까지 1억 도 초고온 상태를 300초 동안 유지하는 기술을 개발하기 위해 연구와 실험을 거듭하고 있어요. 왜 굳이 300초를 목표로 잡았을까요? 1억 도 초고온 상태가 되면 플라스마는 처음에 그야말로 야생마 같아요. 야생마를 잡아서 우리에 가두면 처음에는 에너지가 넘쳐나서 탈출하려고 날뛥니다. 플라스마도 자기장 그릇 바깥으로 튀어 나가려고 운동 에너지가 증가합니다. 하지만 야생마 같은 플라스마를 100초 정도 잡아 두면 플라스마는 힘이 빠져서 얌전해져요. 자기장 그릇에 플라스마를 100초 정도만 가둬 둘 수 있다면, 그 뒤부터는 몇 년이라도 안정적으로 유지할 수 있다는 뜻입니다. 우리 연구원은 공학적 허용치를 세 배 정도 설정해서 300초를 목표로 삼은 거예요.

두 번째 단계는 초고온 플라스마 상태에서 수소가 스스로 연쇄적으로 핵융합 반응을 일으키도록 유지하는 기술입니다. 말하자면 핵융합 에너지를 안정적으로 생산할 용광로를 만드는 단계예요. 수소가 스스로 핵융합 연쇄 반응을 일으키는 원리를 다시 한번 자세히 살펴볼까요? 플라스마 상태에서 중수소와 삼중수소의 핵이 합쳐지면서, 헬륨과 중성자가 만들어져요. 이때 헬륨은 에너지가 굉장히 높은 상태예요. 헬륨이 다시 중수소와 삼중수소에 에너지를 불어넣어서 1억 도가 넘는 초고온 상태를 유지하는 거죠.

이처럼 연쇄적인 핵융합이 일어나도록 유지해 주는 장치는 인공태양의 핵심 기술입니다. 그래서 우리나라를 비롯해 미국·러시아·유럽연합·중국·일본·인도 등 7개 나라가 주도해서 프랑스 남부에 이터(ITER, 국제핵융합실험로)를 짓고 있어요. 현재 80퍼센트 정도 진행됐습니다. 이터는 앞서 소개한 케이스타보다 30배 정도 큰

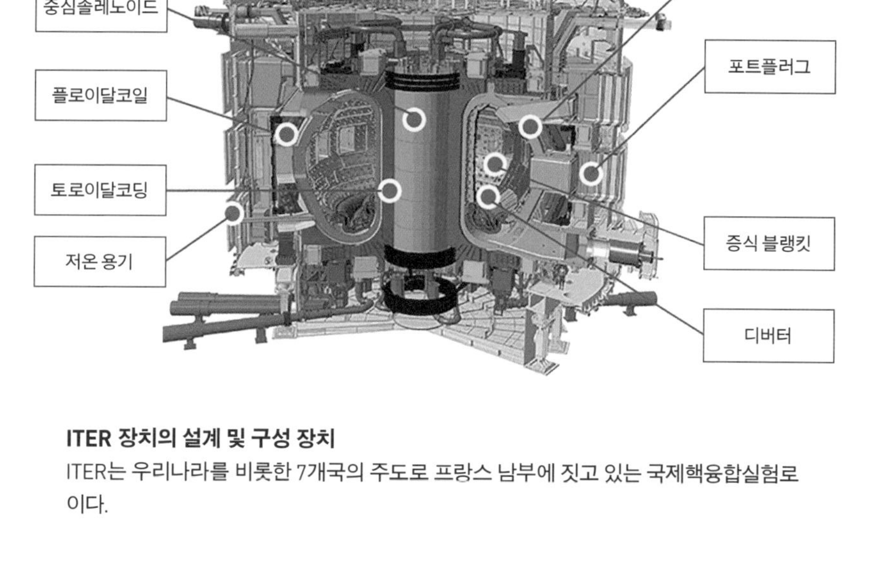

ITER 장치의 설계 및 구성 장치
ITER는 우리나라를 비롯한 7개국의 주도로 프랑스 남부에 짓고 있는 국제핵융합실험로이다.

규모이며, 에너지 출력 500메가와트, 증폭률 10배 이상, 지속 시간 300~500초 정도를 목표로 삼고 있습니다. 1메가와트는 보통 450여 가구가 한 달 동안 사용하는 총 전력량입니다. 증폭률이란 핵융합 반응을 일으키기 위해 투입되는 가열 에너지 대비 최종적으로 출력되는 핵융합 에너지의 비율입니다. 그러니까 50메가와트 에너지를 투입해서 500메가와트 에너지를 만들어 내겠다는 계획입니다.

세 번째 단계는 연료를 공급해 주는 기술입니다. 먼저, 외부에서 공급하는 핵융합 연료는 중수소와 리튬입니다. 그런데 앞서 중수소와 삼중수소가 핵융합 반응을 일으킨다고 했잖아요. 삼중수소는 어떻게 공급하는 걸까요? 이 비밀을 알려면 핵융합 반응로 내부를 살펴보아야 합니다.

반응로 안쪽에는 '증식 블랭킷'이라는 일종의 담요가 설치됩니다.

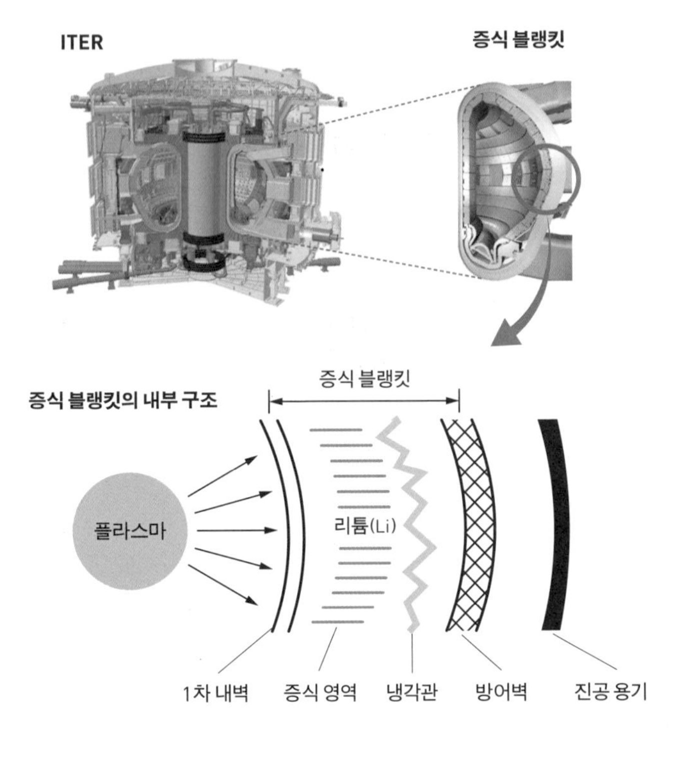

증식 블랭킷
반응로 안쪽에 설치되어 있으며 세 겹으로 이루어져 있다. 삼중수소를 스스로 생산하는 장치.

증식 블랭킷은 세 개의 겹으로 이루어져 있어요. 안쪽 내벽과 바깥쪽 외벽은 플라스마 고온과 중성자를 차단하는 역할을 합니다. 그 사이 중간벽에는 리튬이 포함되어 있어요. 플라스마에서 중수소와 삼중수소가 핵융합 반응하면 헬륨과 중성자가 만들어집니다. 이 가운데 중성자가 1차 내벽을 통과해서 가운데 리튬 층위에 다다릅니다. 중성자와 리튬이 만나 반응하면 다시 헬륨과 삼중수소가 만들어져요. 삼중수소는 다시 플라스마 안으로 들어가서 중수소와 핵융합 반응을 일으킵니다. 그러니까 증식 블랭킷은 삼중수소를 스스로 생산하는 장치입니다.

네 번째 단계는 핵융합 에너지를 우리가 사용하는 에너지로 변환하는 기술입니다. 앞서 증식 블랭킷의 리튬과 중성자가 만나 삼중수소를 만들어 낸다고 했잖아요. 핵융합 과정에서 만들어진 중성자는 엄청난 운동 에너지 상태를 나타냅니다. 이게 증식 블랭킷의 기능 소재와 만나 높은 열을 내뿜는 거죠. 증식 블랭킷은 중성자의 운동 에너지를 열에너지로 바꾸는 장치이기도 해요. 중성자의 운동 에너지를 열에너지로 바꾸었다면 그다음부터는 일반 발전소와 같은 공정을 거쳐 우리가 사용하게 됩니다.

간단히 정리하자면, 핵융합로(이터)와 증식 블랭킷을 결합한 장치가 바로 핵융합 발전소, 즉 인공태양입니다. 그러면 인공태양은 언제쯤 실현 가능할까요? 이터는 2035~38년 사이에 핵융합 연쇄 반응을 실험할 계획이에요. 이 실험이 성공하면 사실상 핵융합 에너지 개발에 성공했다고 이야기할 수 있어요. 이 시기를 전후로 핵융합 기술 선진국들은 실제 핵융합 발전소를 건설해서, 2050년쯤부터 에너지를 생산할 계획입니다.

수소의, 수소에 의한, 수소를 위한 에너지

인공태양이 에너지를 생산하는 미래를 상상해 볼까요? 기존 발전소는 송전탑을 이용해서 전기를 내보냅니다. 그런데 인공태양에서 생산되는 에너지는 기존 발전소와는 비교할 수 없을 만큼 용량이 커요. 이걸 전기로 내보내려면 지금보다 수십 배는 큰 송전탑이 필요합니다. 하지만 거대한 송전탑을 다시 세우려면 자연을 훼손하고, 또 주민들의 반대에 부딪힐 게 뻔합니다. 그러면 이 엄청난 에너지를 어떻게 소비자에게 전달하는 게 좋을까요?

이 문제에 대한 해결책으로 떠오르는 게 바로 수소 연료입니다. 인공태양에서 생산된 에너지를 이용해서 수소 연료를 만들고, 이걸 각 가정과 집에 공급해서 사용하는 방식이에요. 물론 수소 연료는 사용자가 필요한 만큼 전기 에너지로 변환할 수도 있습니다.

핵융합 에너지는 기본적으로 수소 원소 속에 들어 있는 '수소의 에너지(Energy of Hydrogen)'입니다. 그다음에 중수소와 삼중수소의 핵이 융합해서 에너지를 생산하는 '수소에 의한 에너지(Energy by Hydrogen)'입니다. 나아가 이렇게 만들어진 에너지를 가지고 수소를 생산해서 사용하는 '수소를 위한 에너지(Energy for Hydrogen)'입니다.

수소 에너지를 기반으로 하는 핵융합 에너지

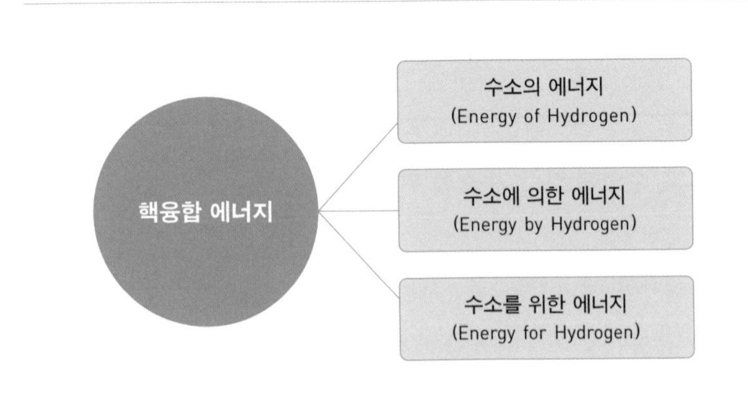

현재 우리가 사용하는 수소 에너지는 2차 에너지입니다. 뭔가 다른 에너지원을 이용해서 수소를 만들어 내는 방식이죠. 그런데 인공태양이 만들어지면 수소가 수소를 만드는 1차 에너지원이 됩니다. 앞서 살펴봤듯이, 수소 연료는 오염 물질을 배출하지 않는 친환경 연료이며 안전성도 매우 높아요. 인공태양이 상용화되면 미래의 주요 에너지원은 수소가 될 것입니다. 화석 연료를 기반으로 하는 사회에서 수소 에너지를 기반으로 하는 사회로 전환하는 거죠. 그야말로 대전환의 시대가 눈앞에 와 있습니다.

인공태양 기술과 관련해서 또 하나 중요한 내용이 있어요. 미래의 핵융합 발전소에서는 사람이 직접 일하지 않아요. 실제 핵융합 발전소와 가상의 발전소를 연결해서 원격으로 조정합니다. 가상 발전소에서 실제 발전소 상황을 점검하고, 뭔가 문제가 생기면 아바타 로봇에 명령을 내려서 처리합니다.

아직 핵융합 발전소가 건설되지 않은 상태에서 너무 먼 미래의 이야기 같아 실감이 나지 않나요? 우리에게는 다행히도 세계 최고 기술로 만들어진 케이스타 장치가 있습니다. 우리 연구원은 실제 케이스타와 가상 케이스타를 연결해서 상태를 점검하고, 로봇으로 문제를 해결하는 실험을 진행하고 있습니다. 이 데이터를 축적해서 실제 핵융합 발전소가 건설되면 곧바로 가상 발전소와 연결해서 업무를 처리할 수 있겠죠.

인공태양이 만들어 갈 미래 사회

이제까지 핵융합 에너지와 인공태양에 관해 이야기 나누었습니다. 간단히 다시 정리해 볼까요? 인류가 사용할 미래 에너지는 핵융합 에너지로 귀결되고 있어요. 핵융합 에너지는 태양계뿐만 아니라 우주 전체가 움직이는 근본적인 에너지원입니다. 지구의 모든 생명체도 태양에서 만들어진 핵융합 에너지로부터 생존을 위한 자양분을 제공받습니다. 하늘을 나는 새의 날개를 보고 아이디어를 얻어서 비행기를 만들었듯이, 우리 인류는 우주의 근간을 이루는 핵심 기술에서 아이디어를 가져와 인공태양을 만들고 있어요. 국제사회와 세계적인 과학자·공학자들이 인공태양 건설에 온 힘을 기울이고 있어요. 지금 추세라면 화석 연료 에너지로는 인류의 미래를 장담할 수 없는 상황이니까요.

인공태양 기술은 2035~38년 사이에 변곡점을 맞이할 예정입니다. 먼 미래가 아니라 10여 년 정도밖에 안 남았어요. 여러분 같은 청소년 세대가 사회의 주역으로 활약할 시기입니다. 인공태양은 우리 사회의 기후환경·경제·정치·우주과학·국제관계 그리고 무엇보다 우리의 일상생활에 커다란 영향을 끼칠 거예요. 섣부른 낙관은 위험하지만, 수소 에너지를 기반으로 인류는 더 풍요롭고 지속 가능한 문명을 이룰 수 있을 거예요. 어쩌면 여러분 가운데 인공태양 연구원이나 공학자로 일하는 사람이 나올 수도 있겠죠.

우리나라는 지난 1945년에 스스로 독립을 이루지 못했어요. 그러다 보니 나라가 두 동강이 났고 전쟁까지 치러야 했어요. 우리 스스로 힘을 기르지 않으면 또다시 국제사회의 거센 변화에 휩쓸리고 말 거예요. 저는 미래 사회에서 국가의 힘은 에너지 자원에서 나온다고 생각해요. 현재 러시아와 우크라이나 사태를 둘러싼 국제사회의 움직임을 봐도 알 수 있어요. 강대국이라고 자부하던 유럽의 여러 나라가 러시아에서 가스를 공급하지 않으니까 당황하면서 우왕좌왕하고 있잖아요.

현재 우리나라는 에너지의 90퍼센트 이상을 수입해서 사용합니다. 석유 자원이 나오지 않으니 어쩔 수 없습니다. 만약 에너지 자원을 수입하지 못하는 상황에 처하면 나라의 운명이 휘청거릴 게 뻔합니다. 전 세계 석유 매장량이 점점 줄어들면서 이미 국제 질서가 불안해지고 있습니다. 우리나라가 에너지 독립국으로 거듭나는 길은 핵융합 에너지 기술을 확보하는 데 있다고 봅니다. 핵융합은 별다른 자원이 필요 없고, 오직 기술로 획득할 수 있는 에너지입니다. 우리나라가 인적 자원과 기술로 선진국 대열에 합류했듯이, 핵융합 기술 분야에서도 장점을 발휘할 수 있을 거라고 믿습니다. 현재 기술 수준만 봐도 전혀 뒤지지 않는다고 자부합니다. 인공태양을 개발해서 온전한 에너지 독립국이 되고, 나아가 세계를 이끄는 나라로 발전하리라 기대합니다. 그 과정에서 여러분이 주인공으로 참여하기를 진심으로 바랍니다. 고맙습니다.

생각을 키워요

Q. 01

우리나라 핵융합 에너지 개발은 국가 단위로만 개발되고 있나요?

우리나라에서는 정부의 주도 아래 국가 단위에서만 개발되고 있어요. 국제적으로 보자면 민간 기업 차원의 스타트업이 생겨나고 있습니다. 현재 30여 개 기업이 기술 개발에 뛰어들었어요. 이에 대한 투자도 활성화돼 있고요.

Q. 02

핵융합 에너지와 4차 산업혁명 기술력을 결합하는 게 가능할까요?

당연히 밀접하게 결합할 거예요. 4차 산업혁명을 대표하는 인공지능 또는 고성능 컴퓨팅 시스템은 전기 에너지로 운용됩니다. 인공태양은 전기 에너지를 풍부하고 안정적으로 제공해서 4차 산업혁명을 발전시켜 줄 거예요. 또 전기 자동차나 수소 자동차를 비롯한 거의 모든 운송 수단이 수소 에너지로 움직일 것입니다.
더불어 핵융합 발전소는 4차 산업혁명 기술을 기반으로 가동됩니다. 앞서 이야기한 실제 발전소와 연결된 가상 발전소도 메타버스 기술의 도움을 받아 운용되고 있어요.

Q. 03

영화를 보면 아이언맨 가슴에 작은 아크 원자로를 끼워서 작동하는 장면이 나오는데요. 이게 정말로 실현될 수 있을까요?

현재 우리가 가진 기술 수준을 기준으로 보면 핵융합 에너지는 거대한 장치가 필요해요. 왜냐하면 사용하는 연료가 기체 상태이기 때문에 고체 상태 연료에 비해 부피가 클 수밖에 없어요. 아이언맨 가슴에 있는 아크 원자로는 핵융합 에너지로는 좀 어렵지 않을까 생각해요.

Q. 04

2050년쯤에 인공태양이 상용화된다고 들었습니다. 비용과 시간을 고려해 볼 때 인공태양을 만드는 게 과연 합리적일까요?

굉장히 예리한 질문이네요. 인공태양을 만드는 데는 아주 많은 비용이 들어갑니다. 그리고 인공태양 수명은 40년 정도로 예상합니다. 다른 조건을 따지지 않았을 때, 건설 비용 대비 40년 동안 생산한 에너지양이 다른 발전 시설과 비교해서 경쟁력을 가질 수 있을까요?

일단 인공태양을 만들면 그다음부터는 에너지 생산 과정에서 다른 자원이 더 이상 필요하지 않아요. 인공태양을 만드는 비용은 많이 들지만, 한번 건설하면 40년 동안 추가 비용이 들지 않죠. 따라서 생산 비용이 다른 어떤 에너지 발전 장치보다 쌉니다. 원자력 발전이나 태양광 에너지보다 싸요.

다만 지금은 인공태양 기술을 처음 개발하고 실험하는 시기라서 비용이 많이 들어갈 수밖에 없어요. 그렇지만 한번 기술이 성공해서 상용화되면 이후에는 인공태양 건설 비용도 훨씬 절약할 수 있습니다. 그래서 저는 효율성 측면으로 봐도 인공태양이 우위에 있다고 봅니다.

Q. 05

최근에 미국에서 레이저 핵융합을 이용해서 인풋 에너지보다 아웃풋 에너지가 많이 나오는 실험에 성공했다고 들었습니다. 레이저 방식과 토카막 방식의 차이점은 무엇이고, 미래에 각자 맡을 역할은 무엇인지 궁금합니다.

에너지 개발 기술은 두 마리 토끼를 잡아야 합니다. 하나는 증폭률이에요. 작은 불쏘시개로 불을 붙여서 많은 에너지를 생산할수록 뛰어난 기술로 인정받아요. 다른 하나는 지속성이에요. 에너지를 변동 없이 얼마나 오래 유지하는

지로 기술의 완성도를 따집니다. 두 마리를 다 잡았을 때, 그러니까 증폭률과 지속성을 다 잡았을 때 실제 에너지 개발 기술로 사용할 수 있습니다. 예를 들어, 미국은 1952년에 수소폭탄 형태로 핵융합 에너지 증폭 실험에 성공했어요. 증폭률이 엄청나게 높았어요. 하지만 지속성은 전혀 유지하지 못했어요. 이번에 미국에서 지름이 2밀리미터 정도 되는 구슬 안에 중수소와 삼중수소를 넣어서 1952년의 수소폭탄 실험과 비슷한 실험을 했습니다. 실험 결과 제어 가능한 상태에서 1.5배 증폭했어요. 증폭률을 높이는 기술로서 큰 의미를 갖는 결과입니다.

우리 케이스타는 토카막 장치로 지속성 분야의 기술을 개발하고 있어요. 앞서 이야기한 대로 1억 도 초고온 상태를 30초 동안 유지했고요. 2026년까지 300초를 유지해서 상용화 단계로 끌어올릴 계획입니다.

이처럼 증폭률과 지속성 관련 기술을 종합해서 적용하는 장치가 바로 이터입니다. 이터는 2035~38년까지 증폭률 10배 이상, 지속 시간 300~500초 이상을 목표로 내세우고 있어요. 이터의 실험이 성공하면 핵융합 발전소가 건설되고 실용화될 것입니다.

Q. 06

핵융합 에너지의 단점과 문제점은 무엇일까요? 그리고 이를 극복하기 위해 어떤 노력이 필요할까요?

핵융합 에너지는 곧 태양 에너지를 뜻하잖아요. 그 자체로는 어떤 단점이 있는지 잘 모르겠어요. 인공태양 기술에서 부족한 부분이 무엇이냐에 대한 질문이라면, 제가 생각하기에는 증식 블랭킷 장치가 완성되지 못했다는 점이에요. 현재 핵융합 에너지 기술에서는 삼중수소를 생산하는 증식 블랭킷 장치가 완전히 개발되지 못했습니다. 따라서 증식 블랭킷 기술을 확보하는 게 최우선 과제라고 생각합니다.

Q. 07

우리가 핵융합 에너지를 개발하는 근본적인 이유와 핵융합 에너지가 다른 에너지와 비교해 차별화되는 점이 무엇인지 궁금합니다.

핵융합 에너지는 앞으로 인류가 최종적으로 선택할 수밖에 없습니다. 왜냐하면 화석 연료는 이산화 탄소를 너무나 많이 배출하고, 또 자원도 이미 바닥을 드러내고 있어요. 태양광·풍력·수력 같은 재생 에너지에 대한 기술 개발도 아주 의미 있고 중요합니다만, 아무래도 효율성이 떨어집니다. 원자력 발전은 안전성이나 원자력 폐기물 등 해결하기 어려운 여러 문제를 안고 있습니다. 따라서 자원(연료)에 대한 제한이 없고, 오염 물질도 배출하지 않는 인공태양이 유일한 대안이라고 생각해요.

특히 우리나라는 화석 연료는 물론이고, 하다못해 원자력 발전의 원료인 우라늄도 수입해야 합니다. 기존 에너지 발전 시스템으로는 독립성을 가질 수 없는 구조예요. 만약 우리가 인공태양을 만드는 데 성공하면 우리나라는 곧바로 에너지 독립국, 에너지 강국으로 변모합니다. 에너지 자원을 수입하는 나라에서 수출하는 나라로 국제적 위상이 바뀝니다. 우리나라 현실에서는 이 차이점에 가장 주목해야 한다고 생각해요.

FUN&LEARN
FUN&LEARN
FUN&LEARN

함께 성장하는 과학과 나

– 장석복 –

"과학자는 새로운 것을 창조하는 사람일 뿐 아니라
새로운 시각으로 기존의 사물을
새롭게 조합하는 사람이다.
주변의 모든 대상을 호기심의 눈으로 바라보자.
평범한 우리도 얼마든지 과학자가 될 수 있다."

PROFILE_장석복

한국과학기술원(KAIST) 화학과 교수이다. 고려대학교를 졸업하고, 미국 하버드대학교에서 박사 학위를 받았다. 현재 기초과학연구원(IBS) 분자활성 촉매반응 연구단의 단장과 국제 학술지 〈에이시에스 카탈리시스(ACS Catalysis)〉의 부편집인을 맡고 있다. 한국과학상(2013), 경암상(2013), 훔볼트 연구상(2017), 한국과학기술원 학술대상(2018), 한국도레이 과학기술상(2018), 대한민국 최고과학기술인상(2019), 삼성호암상(2022)을 수상했다. 세계적 권위의 학술정보기관인 미국의 클래리베이트 애널리틱스(Clarivate Analytics)가 선정하는 매년 세계 상위 1퍼센트 연구자, HCR(Highly Cited Researcher)로 2015년 이후 선정되고 있다.

우주의 비밀을 밝히는 화학

여러분, 반갑습니다. 카이스트에서 화학을 연구하고 가르치는 장석복입니다. 모든 물질의 성질을 나타내는 최소 단위는 분자예요. 이 분자를 다루는 학문이 바로 화학입니다. 화학은 물질을 구성하는 분자의 성질을 연구하고, 나아가 분자를 새롭게 만들어서 물질의 성질을 변환하는 학문입니다. 당연히 우주 과학 분야도 화학을 빼놓고 이야기할 수 없습니다.

아래 사진을 볼까요? 2014년에 일본은 태양계의 소행성을 탐사하는 하야부사 2호를 쏘아 올렸어요. 하야부사 2호는 2억 4000만 킬로미터를 날아가서 2018년에 지름이 겨우 1킬로미터인 소행성에 착륙했습니다. 그런 다음 소행성 지표면 물질을 5그램쯤 채취하는

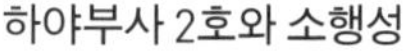
하야부사 2호와 소행성

데 성공했어요. 하야부사 2호는 2020년에 지구로 돌아왔어요. 그리고 2022년 6월에 지표면 물질을 분석한 결과가 나왔습니다. 물질 분석표에는 매우 놀랍게도 아미노산이 들어 있었어요. 아미노산은 단백질을 구성하는 주요한 요소이기 때문에 생명 현상과 직접적으로 관련된 화학 분자입니다. 따라서 이 물질 분석표는 생명의 기원이 외계에서 왔는지, 아니면 지구 자체에서 생성됐는지에 관한 결정적인 실마리를 제공하게 될 수 있을지도 모릅니다.

다음, 오른쪽 사진은 최근에 여러 매체가 소개했습니다. 여러분도 한번쯤 봤을 거예요. 제임스 웹 망원경이 찍어서 보내온 용골자리 성운 사진입니다. 아주 아름답습니다. 과학자들은 이 사진을 바탕으로 물질에서 방출되거나 물질에 흡수되는 스펙트럼을 분석해서(분광 분석) 물질의 성분을 밝혀내기 위해 연구하고 있습니다. 사진을 보면, 별과 별 사이에 희뿌연 구름 같은 물질이 보입니다. 이 물질을 '성간 화합물'이라고 해요. 성간 화합물은 우주가 어떻게 탄생하고 진화해 왔는지를 밝히는 중요한 단서입니다.

우주 과학 분야에서는 태양계의 기원에 대한 연구도 활발합니다. 최근에 우주 항공 분야가 발달하면서 화성에 탐사선을 많이 보냈어요. 과학자들은 탐사선에서 보내온 자료를 분석해서 초기 태양계의 모습에 좀 더 다가가기 위해 노력하고 있습니다.

이처럼 우주와 태양계와 지구의 기원과 진화에 대한 연구는 물질의 분자를 분석하는 데서 출발합니다. 성간 화합물에 대한 분광 분석, 외계 행성의 토양 분석 등은 화학적 연구 분야입니다. 화학이 얼마나 중요한 역할을 하고 있는지 어느 정도 실감이 되나요?

제임스 웹 망원경이 찍어 보내온 용골자리 성운

코로나바이러스에 맞서는 인류의 무기, 화학

화학은 우주 과학뿐만 아니라 의료 분야에서도 크게 활약하고 있습니다. 예를 들어, 지난 몇 해 동안 우리는 코로나바이러스와 힘겨운 싸움을 이어 왔어요. 여기에서도 화학은 인류의 강력한 무기로 활용되고 있습니다. 코로나바이러스의 생애 주기를 살펴볼까요?

코로나바이러스는 사람(숙주)의 눈·코·입으로 침투해서 세포에 달라붙습니다. 그다음에 수용체를 통해서 세포 안으로 침투한 뒤 껍질을 벗고 리보핵산(RNA) 유전자를 내보내서 숙주 세포의 단백질과 결합해요. 그러고는 숙주 세포를 자양분 삼아 본격적으로 복제와 증식을 시작합니다. 증식한 코로나바이러스는 다시 세포막에 달라붙어 밖으로 빠져나와 다른 세포로 옮겨 갑니다.

이처럼 코로나바이러스의 침투와 번식 과정이 밝혀지면서, 과학자들은 단계별로 치료제를 만들어 냈습니다. 첫째, 코로나바이러스가 초기 단계에 수용체에 접근하지 못하게 막는 약품입니다. 둘째, 리보핵산이 세포 안에서 복제하는 단계를 제어하는 약품입니다.

사실 여기에 작용하는 약품들은 기존에 혈액 응고제, 췌장염 치료제, 역류성 식도염 치료제 등으로 쓰이고 있었습니다. 일반적으로 한 약품이 상용화되기 위해서는 10~15년 정도의 시간이 필요합니다. 조심스럽고 철저한 임상 실험 과정을 거쳐야 하기 때문이에요. 하지만 코로나 팬데믹은 워낙 급속하게 인류를 위협했기 때문에 치료제를 개발하기 위한 시간이 부족했습니다. 그래서 기존 약품의 성분을 실험해서 약물 재창출 방법으로 코로나바이러스 치료제를 개발한 것입니다.

코로나바이러스 생애 주기

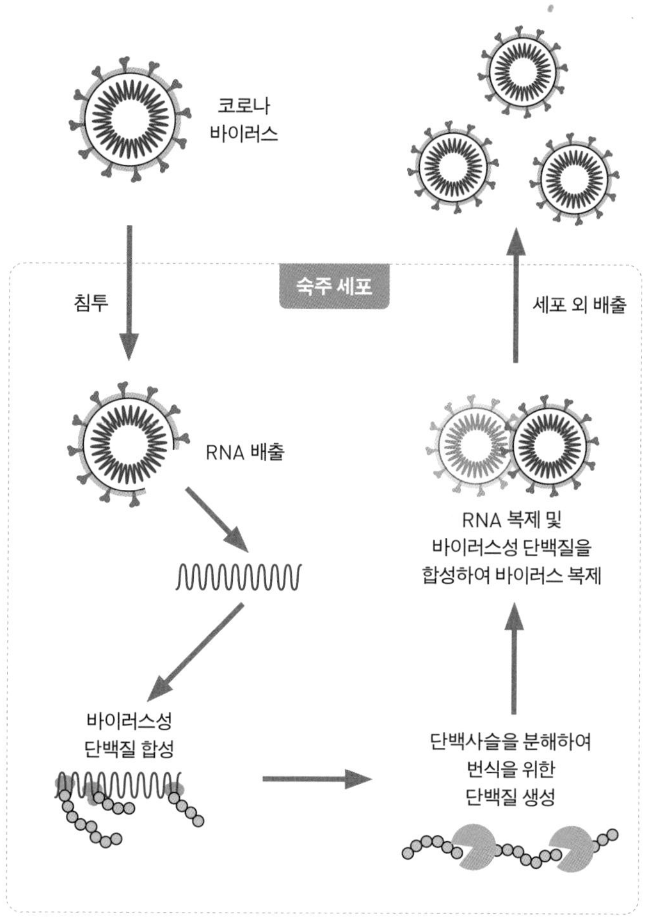

이런 약품은 이미 다른 질병에 쓰이던 약품이고, 임상 실험을 제대로 거치지 못했습니다. 따라서 코로나바이러스 치료제로는 제한

적으로 쓰일 수밖에 없어요. 코로나바이러스의 세포 침투와 활동을 막을 수 있는 전문 약품이 시급히 필요합니다.

그런데 흥미롭게도 한국 연구팀이 최근에 도라지 뿌리에서 특별한 분자 화합물을 추출했습니다. 이 성분은 앞서 이야기한 두 가지 단계에서 모두 코로나바이러스를 막아 내는 효능을 보였습니다. 연구팀은 자연 추출물 분자 성분을 부분적으로 변환해서 높은 약효를 갖는 성분으로 만들어 내는 중이에요. 이런 작업은 화학자의 전문 분야입니다. 화학은 물질의 분자를 제어하거나 합성해서 물리적·화학적 성질을 변환하는 아주 매력적인 학문입니다.

분자를 연구하고 새롭게 만드는 화학

앞에 이야기한 분야 말고도 화학은 에너지·배터리·재료·컴퓨터·인공지능 등 거의 모든 과학 기술 분야에 적용됩니다. 모든 물질은 결국 분자로 구성되어 있으니까요. 현대 과학 기술의 발달로 우리는 분자의 구조를 직접 보고 확인할 수 있습니다. 그리고 분자를 변환하거나 합성할 수도 있습니다.

굳이 분류하자면, 물리학은 소립자와 원자 세계를 다루고, 화학은 분자를 다루고, 생명과학은 세포와 유기체를 연구합니다. 물론 이런 구분은 절대적인 게 아니라 상황에 따라 얼마든지 서로 긴밀하게 연결되어 경계를 넘나듭니다.

분자는 화학 성질을 제공하는 최소 단위입니다. 여러분, 오렌지 좋아하세요? 오렌지는 새콤달콤한 맛을 내는 구연산, 향을 내는 테

르펜, 색깔을 내는 케라틴 같은 분자로 이루어져 있어요. 이들 분자 구조는 아주 단순합니다. 아무리 복잡한 화합물도 단순한 분자 구조가 상호 결합해서 만들어집니다.

분자를 이루는 구성 성분은 원자입니다. 여러분, 주기율표를 본 적이 있죠? 뒤쪽에도 주기율표가 있는데요. 주기율표는 원자들을 성질에 따라 규칙적으로 배열해 놓은 표입니다. 현재 자연에 존재한다고 밝혀지거나 또는 인공적으로 만들어진 원소는 모두 118가지입니다. 뒤쪽 주기율표에서 파란색으로 표시된 수소(H)·산소(O)·철(Fe) 같은 원소는 지구상에 아주 많이 분포합니다. 또 테크네튬(Tc)·프로메튬(Pm)·플루토늄(Pu)·퀴륨(Cm)·멘델레븀(Md)·오가네손(Og)을 비롯한 30개 원소는 인공적으로 만들어서 아주 짧은 시간에만 존재합니다.

주기율표는 1871년에 러시아 멘델레예프가 처음 만들었어요. 멘델레예프는 원소를 배열하면서, 그때까지 알려지지 않은 원소는 그냥 빈칸으로 두었습니다. 원소는 규칙성이 있으니까 언젠가는 빈칸에 들어갈 원소를 발견하리라고 생각한 거죠. 이건 아주 현명한 결정이었어요. 현재는 그때 남겨 두었던 빈칸이 모두 채워졌거든요.

원자들은 자연 상태에서 혼자 존재하기도 하고, 다른 원자와 결합해서 분자 상태로 존재하기도 합니다. 분자는 일정한 조건에서 화학 반응을 일으켜 새로운 분자를 형성합니다. 앞서 이야기했듯이, 현대 과학 기술은 인공적으로 필요한 조건을 만들어서 원하는 분자를 생성할 수 있습니다.

예를 들어, 벤젠(C_6H_6)은 육각형 꼭짓점에 탄소(C) 원자와 수소(H) 원자가 하나씩 결합한 구조입니다. 또 암모니아(NH_3)는 질소

주기율표

	1	2	3	4	5	6	7	8	9	10	11	12	13	14	15	16	17	18
1	1 H 1766																	2 He 1895
2	3 Li 1817	4 Be 1798											5 B 1808	6 C	7 N 1772	8 O 1772	9 F 1887	10 Ne 1898
3	11 Na 1807	12 Mg 1756											13 Al 1827	14 Si 1823	15 P 1669	16 S	17 Cl 1774	18 Ar 1894
4	19 K 1807	20 Ca 1808	21 Sc 1879	22 Ti 1791	23 V 1830	24 Cr 1797	25 Mn 1774	26 Fe	27 Co 1735	28 Ni 1751	29 Cu	30 Zn 1746	31 Ga 1875	32 Ge 1886	33 As	34 Se 1817	35 Br 1826	36 Kr 1898
5	37 Rb 1861	38 Sr 1790	39 Y 1794	40 Zr 1789	41 Nb 1801	42 Mo 1778	43 Tc 1937	44 Ru 1844	45 Rh 1803	46 Pd 1803	47 Ag	48 Cd 1817	49 In 1863	50 Sn	51 Sb	52 Te 1782	53 I 1811	54 Xe 1898
6	55 Cs 1860	56 Ba 1808	71 Lu 1907	72 Hf 1923	73 Ta 1802	74 W 1781	75 Re 1925	76 Os 1803	77 Ir 1803	78 Pt 1735	79 Au	80 Hg	81 Tl 1861	82 Pb	83 Bi	84 Po 1898	85 At 1940	86 Rn 1900
7	87 Fr 1939	88 Ra 1898	103 Lr 1961	104 Rf 1965	105 Db 1970	106 Sg 1976	107 Bh 1976	108 Hs 1984	109 Mt 1982	110 Ds 1994	111 Rg 1995	112 Cn 1996	113 Uut 2003	114 Fl 1999	115 Uup 2004	116 Lv 2000	117 Uus 2010	118 Uuo 2006

57 La 1839	58 Ce 1803	59 Pr 1885	60 Nd 1843	61 Pm 1947	62 Sm 1879	63 Eu 1896	64 Gd 1880	65 Tb 1843	66 Dy 1886	67 Ho 1879	68 Er 1843	69 Tm 1879	70 Yb 1907
89 Ac 1899	90 Th 1828	91 Pa 1917	92 U 1789	93 Np 1940	94 Pu 1940	95 Am 1945	96 Cm 1944	97 Bk 1950	98 Cf 1950	99 Es 1952	100 Fm 1953	101 Md 1955	102 No 1958

(N) 하나에 수소 세 개가 결합한 구조입니다. 여기에서 벤젠의 탄소와 수소의 결합을 하나 끊고, 암모니아의 질소와 수소 결합을 하나 끊은 다음에 나머지 분자를 결합하면 어떤 결과가 나올까요? 이 새로운 화합물은 아닐린($C_6H_5NH_2$)입니다. 아닐린은 독성이 매우 강하며 용액을 녹이는 용매, 구두약 제조 원료, 제초제, 곰팡이 제거제 등으로 쓰입니다. 현대 화학 기술은 이처럼 새로운 성질과 성능을 지닌 분자 화합물을 만들어 낼 수 있습니다.

아닐린 분자 생성 과정

벤젠 + 암모니아 → 아닐린 + H—H

사실 분자 화합물을 만드는 과정은 생각보다 쉽지 않습니다. 자연계의 물질 상태를 인위적으로 바꾸는 과정은, 어떻게 보면 물리 법칙(열역학 법칙)을 거스르는 작업이기 때문입니다. 그래서 분자의 분해와 결합을 활성화하는 과정에서 일반적으로 촉매를 사용합니다. 말하자면 촉매는 새로운 경로, 쉬운 방법으로 새로운 분자 화합물을 만들어 줍니다.

화학 반응을 돕는 촉매

촉매 반응 중에 가장 많이 알려진 사례가 '하버-보슈 공정'이에요. 우리가 먹는 곡물은 주로 수소·산소·탄소·질소로 이루어져 있어요. 곡물은 이 가운데 수소·산소·탄소를 자연 상태에서 물과 햇빛으로 흡수합니다. 그런데 질소는 지구 대기 중에 가장 많이 존재하는 원소인데도 자연 상태에서 잘 공급받지 못해요. 다시 말해 질소는 매우 안정적인 분자이기 때문에 화학 반응성이 낮아서 이 질소 분자를 다른 분자로 변환시킬 수 있는 반응 개발이 매우 어렵다고 인식되어 왔습니다. 하지만 20세기 초에 과학자들은 대기 중의 질소로부터 암모니아(NH_3)를 만들 수 있는 반응 방법을 고안하고 그 안에 들어 있는 질소 성분을 곡물에 공급해 주는 방법을 실험했어요. 그 결과 1900년대 들어 독일 화학자 프리츠 하버와 카를 보슈가 인공적으로 암모니아를 만드는 방법, 즉 하버-보슈 공정을 개발했습니다. 하버-보슈 공정은 아래의 식으로 나타냅니다.

$$N_2 + 3H_2 \rightarrow 2NH_3$$

공기 중의 질소와 수소를 결합시켜서 암모니아를 만드는 거죠. 그런데 앞서 이야기했듯이, 질소는 아주 안정적이어서 쉽사리 화학 반응을 일으키지 않습니다. 그래서 하버와 보슈는 여기에 철을 촉매로 사용하고, 200기압 상태에서 400~500도의 높은 열을 가해

암모니아로 만들었어요.

하버-보슈 공정으로 인류는 인공 암모니아 비료를 생산하게 되었어요. 가장 흔한 공기 성분으로 값싼 비료를 대량으로 생산하게 된 거죠. 덕분에 곡물 생산량이 엄청나게 증가했으며, 오늘날까지 전 세계 인구가 폭발적으로 늘어날 수 있었습니다. 다만 하버-보슈 공정은 에너지가 많이 들어갑니다. 현재 전 세계에서 사용되는 에너지의 1~2퍼센트가 이 공정에 쓰입니다.

또 하나 널리 알려진 촉매 반응을 소개할게요. 바로 20세기 문명을 대표하는 물질, 여러분이 '플라스틱'이라고 부르는 고분자 합성물질을 생산하는 과정에서 쓰이는 촉매로 1950~60년대에 독일 화학자 카를 치글러와 이탈리아 화학자 줄리오 나타가 발견한 '치글러-나타 촉매'입니다. 석유 정제 과정에서는 탄소가 이중으로 결합한 올레핀 분자가 부산물로 나옵니다. 이 올레핀으로부터 화학 작용을 통해 만든 고분자 화합물인 폴리올레핀이 바로 플라스틱입니

카를 치글러

줄리오 나타

다. 이전에는 올레핀에서 폴리올레핀을 만들려면 높은 압력과 온도가 필요했어요.

그런데 치글러와 나타는 타이타늄(티타늄)과 알루미늄을 촉매로 사용하면 적은 에너지로도 다양한 폴리올레핀을 생산할 수 있다는 사실을 발견했습니다. 치글러-나타 촉매는 플라스틱 대량 생산의 문을 열었어요. 가볍고 단단하고 쓰임새에 따라 다양한 모양으로 만들 수 있고 독성이 없는 플라스틱은 한때 인류 최고의 발명품으로 손꼽혔습니다. 오늘날 우리는 플라스틱 없이 생활하는 게 불가능할 정도입니다. 그런데 플라스틱 고분자 화합물은 자연 상태에서 분해되지 않아서 많은 문제를 일으키고 있습니다. 그래서 화학자들은 자연 상태에서 분해되는 고분자 화합물을 만들기 위해 다시금 열심히 노력하고 있습니다.

화학 연구실 풍경

●

저는 화학 분야에서 20년 넘게 연구해 왔습니다. 사실 연구는 항상 어려움에 부딪힙니다. 미시적인 분자 세계를 다루는 점도 어렵고, 플라스틱 사례처럼 연구의 결과물이 자연계에 어떤 영향을 끼칠지 예측할 수 없다는 점도 신경을 곤두서게 합니다. 어떤 문제를 해결하면 곧바로 새로운 문제가 생기고 그걸 해결하면 또 더 큰 장애물이 등장합니다.

일반적으로 화학 연구에서는 어떤 문제가 생기면 먼저 문제의 원인을 찾아냅니다. 그런 다음 문제를 해결할 새로운 가설을 세웁니다. 가설에 따라서 실험과 연구를 진행하면 결과가 나옵니다. 결과가 가설과 맞아떨어지면 좋겠지만, 그렇지 않으면 다시 처음부터 가설을 세우고 실험과 연구를 이어갑니다. 화학 연구실은 늘 이런 일상이 반복됩니다. 이처럼 어렵고 힘들지만, 그래서 더욱 즐겁고 또 재미있습니다. 다른 사람들이 가 보지 못한 세계를 처음 여행하는 거잖아요. 지적 호기심이 이끄는 대로 우주와 생명의 기원을 찾고, 새로운 물질을 발명합니다.

여러분에게 카이스트 화학 연구실에서 최근에 연구하던 내용을 몇 가지 소개하겠습니다. 조금 생소하고 어려울 수도 있는데요. 그래도 여러분의 지적 호기심을 자극하고 싶어서 이렇게 가지고 왔습니다.

먼저, 우리 연구실에서는 자연계에 흔하게 존재하는 탄화수소를 화학 반응 시켜서 새로운 화합물을 만드는 연구를 진행하고 있습니다. 하나의 탄소화합물(유기화합물)이 다른 물질로 화학 반응할 때 아주 짧은 순간 중간 단계를 거칩니다. 이 중간 단계에서 '탄소 양이온'이라는 물질이 생성되는데, 수명이 10억 분의 1초보다 짧아요. 탄소 양이온은 수소 이온을 제거해서 탄소와 탄소의 이중결합을 이끌어 냅니다. 그런데 한 분자에 수소 이온이 많으면, 탄소 양이온은 특정한 수소 이온을 선택해서 제거하기 어렵습니다. 즉, 탄화수소를 화학 반응해서 원하는 분자 구조 물질을 만들어 내기 어렵다는 뜻입니다.

우리 연구팀은 전이금속(이리듐)을 촉매로 이용해서 탄소 양이온을 훨씬 안정적이고 효과적으로 만들어 냈어요. 열역학적으로 어려운 반응 경로를 안정적이고 쉬운 경로로 바꾼 거죠. 더불어 이 연

감마-락탐 합성 과정

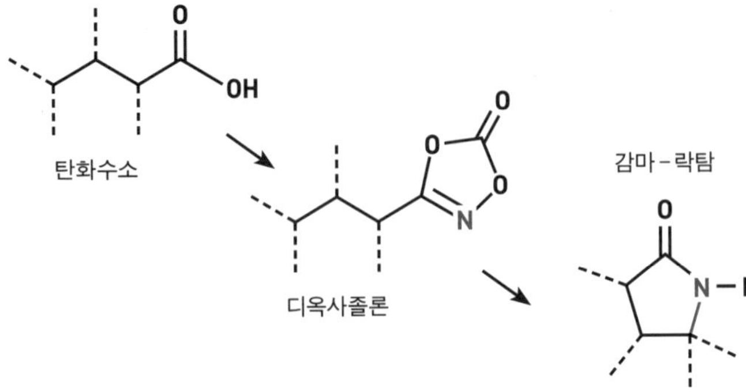

탄화수소

디옥사졸론

감마-락탐

구 과정에서 계산화학으로 탄화수소에 효율적인 반응을 일으킬 촉매를 분석하고, 시뮬레이션으로 가설과 설계의 완성도를 높였어요. 그 결과 우리 연구팀은 지난 2018년에 탄화수소에서 질소화합물 감마-락탐을 만들어 냈어요. 감마-락탐은 뇌전증 치료제, 혈관 형성 억제제 같은 약품 소재나 화학 합성 소재로 다양하게 활용됩니다. 대기 중에 존재하는 가장 흔한 물질로 매우 쓸모 있고 부가가치가 높은 물질을 만들어 낸 거죠.

우리 연구실에서 성공한 실험을 하나 더 소개할게요. 우리가 거울을 보면 왼쪽은 왼쪽으로, 오른쪽은 오른쪽으로 비칩니다. 실제 나와 거울 속 나는 왼손과 오른손이 겹치지 않아요. 분자도 거울상을 가진 경우가 있어요. 마주하는 두 분자가 모습이 똑같아서 서로 겹쳐지지 않는 거죠. 분자식은 같지만 원자들이 배열된 순서가 다르거나, 원자들이 배열된 순서는 같지만 공간 방향이 다른 분자를 '거울상 이성질체 분자' 또는 '광학 이성질체 분자'라고 해요. 우리 몸을 이루는 단백질이 대부분 거울상 이성질체 분자입니다. 다만 단백질은 특별한 이성질체 분자만 화학 반응을 일으키는데, 바로 효소입니다.

약품 중에도 거울상 이성질체 분자로 구성된 종류가 많습니다. 이런 약품을 '카이럴 의약품'이라고 해요. 카이럴 의약품은 한쪽 분자가 뛰어난 약효를 나타낸다고 해도, 맞은쪽 이성질체 분자가 부작용을 일으킬 수 있어서 매우 조심스럽게 다뤄야 합니다.

우리 연구실에서는 카이럴 의약품 분자에서 약효가 뛰어난 한쪽 분자만을 95퍼센트 이상의 정확도로 골라 합성하는 데 성공했어요. 부작용을 일으킬 수 있는 맞은쪽 이성질체 분자를 아예 제거하는 거죠. 이로써 더 안전한 카이럴 의약품을 만들 수 있게 되었습니다.

화학이 꿈꾸는 미래

최근에 유엔에서 발표한 2040년 미래 보고서에 따르면, 우리 인류는 심각한 위기에 놓여 있어요. 기후 변화, 물 부족, 자원 고갈, 코로나 팬데믹 등의 문제는 과학 기술의 진보 발전을 통해서 해결할 수밖에 없어요.

과학 기술은 크게 생명 과학, 나노 과학, 정보 과학, 환경 과학, 우주 과학, 문화 과학 등으로 분류됩니다. 각 분야는 가까운 미래에 불치병(전염병) 극복, 뇌 지도 완성, 인공지능 개발, 자율 주행 자동차 생산, 원자 조작(핵융합), 우주 기원 규명, 양자컴퓨터 개발 등을 목표로 열심히 연구를 진행하고 있어요. 각 분야의 성과는 인류 앞에 놓인 문제를 극복하고 삶을 더욱 풍요롭게 하는 데 직접적으로 연관되어 있습니다.

화학자의 눈으로 보자면, 이 모든 분야는 결국 분자로부터 출발합니다. 어떤 분야에서건 먼저 분자의 성질을 규명하고, 나아가 효과적이고 안전한 분자를 만듦으로써 과학 기술의 발전을 이끌어 낼 수 있다고 믿어요. 그래서 저는 화학 분야 연구에 큰 자긍심을 가지고 있습니다.

여러분은 저마다 과학자가 되고 싶다거나, 반대로 과학이 너무 어려워서 자기와 맞지 않다고 느끼기도 할 거예요. 저는 여러분이 너무 빨리 결정하지 않았으면 합니다. 제 생각에 과학자로 가는 첫 번째 시작점은 호기심이에요. 여러분 주변의 모든 자연 현상과 사회현상에 호기심을 가져 보세요. 호기심을 가지려면, 대상에 애정을 가지고 관찰하는 습관을 가지는 것이 첫 단계입니다. 물론 과학자가 되기 위해서는 과학적인 지식이 있어야 해요. 하지만 그건 대학에 가면 충분히 배울 수 있습니다. 미리 걱정하지 않아도 됩니다. 지금 여러분에게 지식보다 중요한 것은 미래 사회에 대한 다양한 상상력과 또 인류 앞에 놓인 문제들을 해결해 보려는 도전 정신입니다.

그리고 과학자가 되려면 수학·물리·화학만 열심히 공부해서는 안 돼요. 인문학적 소양도 똑같이 중요하게 생각하고 공부해야 합니다. 그래야 시각이 좁은 부분에 머무르지 않고 큰 흐름을 보는 통찰력을 지닐 수 있어요. 통찰력은 현상을 수동적으로 받아들이지 않고 능동적으로 재해석해서 본질에 다가가는 능력이에요. 통찰력은 과학자에게 아주 중요한 덕목이에요. 그러니까 과학자가 되기를 바란다면 여러 분야에 늘 관심을 가져야 합니다.

내 안을 'Hu' 원소로 채우자

저는 강원도 태백 산골에서 태어나 고등학교까지 그곳에서 다녔어요. 강원도 태백은 자연환경이 무척 아름답지만, 제가 살던 어린 시절에는 가난하고 소외된 곳이었습니다. 1900년대까지만 해도 태백은 우리나라의 대표적인 탄광 마을이었습니다. 오치균 화가는 태백 사북의 탄광 마을을 그리면서, "그곳에는 가난과 슬픔만 있는 것이 아니다. 자연스럽게 무너지는 것들의 아름다움도 있었다" "부조화한 빨강과 파랑이 내 가슴을 때렸다. 녹슨 양철 지붕 위에 눈처럼 쌓인 탄가루는 아름다웠다"고 회상했습니다. 제 어린 시절 마음을 고스란히 화폭에 담아 놓은 듯합니다.

제가 중학교 다닐 때까지 오후 4시부터 10시까지만 전기가 들어

오치균 〈사북 계곡마을〉

왔습니다. 그래서 10시 이후에는 캄캄해서 아무것도 할 게 없었어요. 누워서 자거나 바깥에 나와서 별을 올려다보는 것 말고는 다른 할 일이 없었습니다. 별자리를 구별하고 이름을 맞히는 게 유일한 취미였어요. 그때부터 저는 천문학에 호기심을 가지기 시작했고, 과학을 하는 시작점이 되었습니다.

그 뒤로 저는 대학에 들어가서 화학을 전공하고 유학을 다녀왔어요. 그 과정에서 저는 운 좋게도 멋진 동료들과 훌륭한 스승을 만났습니다. 학문의 길에서 좋은 동료와 영감을 주는 스승을 만나는 건 아주 중요합니다. 특히 현대 과학은 혼자 연구하고 실험하는 경우가 거의 없습니다. 팀을 이뤄서 서로 협력해야 합니다. 공부만 열심히 한다고 해서 현대 과학에서 필요로 하는 과학자가 될 수 없어요. 동료들과 잘 소통하고 인간적인 관계를 맺어 가는 덕목도 아주 중요합니다.

오른쪽 주기율표는 우리에게 익숙한 모습이 아니에요. 1960년대에 독일 화학자 오토 벤파이가 고안한 나선형 주기율표입니다. 이 나선형 주기율표는 우리에게 원소들의 성질에 대해 새로운 시각을 가져 보라고 제안한다고 생각합니다. 저는 이 주기율표를 보면서, '창의성이라는 게 바로 이런 거구나' 하고 생각했어요. 사물을 익숙하게 바라보는 시각에서 벗어나 다르게 새롭게 바라볼 수 있어야 합니다.

과학자는 아무것도 없는 상태에서 물질을 창조하는 것이 아니라 기존에 존재하는 사물을 다르게 바라보고 조합해서 만들어 냅니다. 사물을 새로운 시각으로 보는 능력은 우리처럼 평범한 사람들도 얼마든지 기를 수 있어요. 저는 주기율표에 표시된 118가지 원소에

오토 벤파이가 고안한 나선형 주기율표

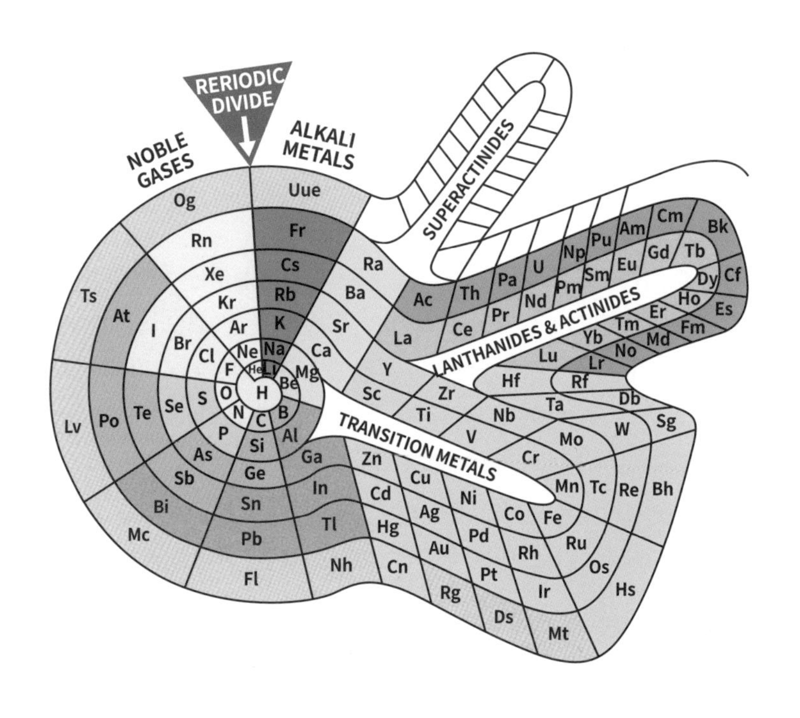

더해서, 여러분에게 원소가 하나 더 있다고 생각합니다. 이 원소를 'Hu'라고 이름 붙여 보았어요. 'Human'의 앞 글자에서 따 왔습니다. 그러니까 여러분 한 명 한 명이 바로 새로운 Hu 원소입니다. 여러분은 다른 원소와 만나 수많은 분자를 이룰 수 있습니다. 어떤 분자 구성을 이룰지는 여러분 스스로 결정해야 합니다. Hu 원소가 여러분 안에 가득해지기를 바랍니다. 고맙습니다.

Q. 01

산골 소년에서 카이스트 교수가 되기까지 힘든 점과 장애물이 많으셨을 텐데 그걸 어떻게 다 극복하셨나요?

어려운 환경을 이겨내고 카이스트 교수가 되었다는 점보다는, 제가 즐겁게 연구하고 그 결과물이 사회 발전에 어느 정도 기여했다는 점에서 나름 보람과 긍지를 느낍니다. 저는 어렸을 때부터 어떤 지위에 올라가느냐보다 어떻게 사느냐가 중요하다고 생각했어요. 앞서 이야기했듯이, 시골 소년이 가진 유일한 취미가 별자리 보는 거였어요. 그때부터 저는 관심을 가진 대상을 성실하게 관찰하고 연구해 왔어요.

장애물이라면 연구와 실험이 잘 풀리지 않을 때 느끼는 막막함이나 좌절감 같은 건데, 그건 또 다른 시각으로 연구 대상에 접근하는 계기가 되잖아요. 장애물이 또 다른 동력이 되어 준 거죠. 그렇게 열심히 재미있게 연구하다 보니 어느 날 교수가 되어 있었어요.

여러분 가운데는 학업이나 가정 환경에서 어려움을 겪거나 고민이 많은 사람도 있을 거예요. 그런 어려움은 나를 둘러싼 여러 조건 가운데 하나일 뿐이고, 나의 삶을 결정하는 절대 기준은 아닙니다. 시간이 지나거나 상황이 바뀌면 자연스레 사라지기도 하고 옅어지기도 합니다.

중요한 건 그걸 극복하려는 의지라고 생각해요. 과일은 여름에 아주 뜨거운 폭염과 장마를 이겨내야 영양분 가득한 과육을 만들어 냅니다. 여러분 앞에 놓인 문제도 여러분이 성장하는 데 필요한 요소입니다. 어떤 문제도 반드시 해결책이 있다는 낙관적인 마음을 가지고 어려움에 맞서기를 바랍니다.

Q. 02

제 꿈은 과학자인데, 어떤 활동이 과학자가 되는 데 도움이 될까요?

청소년기에는 자기만의 시선을 갖는 게 아주 중요하다고 생각합니다. 물론 기존 과학 이론을 잘 배우고 익히는 것도 중요하지만, 과학자로서 이름을 알리려면 새로운 자기 것을 만들어 내야 하거든요. 그러기 위해서는 사물과 현상을 자기만의 시선으로 언제나 새롭게 바라보는 연습을 해야 합니다. 매일 걸어 다니는 익숙한 길에서 만나는 똑같은 풍경을 새롭게 바라보는 것부터 시작해 보세요.

Q. 03

교수님께서는 연구 말고 어떤 활동을 하실 때 기쁨을 느끼시는지 궁금합니다.

연구 외에 다른 활동으로는 책 읽는 걸 좋아해요. 교보문고 최고등급 회원입니다. 책을 사서 친구들과 학생들한테 선물하고 책 내용에 대해 같이 이야기하는 걸 좋아해요.
대학생 때 러시아 문학을 탐독하다가 한때 소설가가 되어 볼까 기웃거리기도 했어요. 물론 그쪽으로 재능이 없다는 사실을 깨닫고 다시 과학 연구실로 돌아왔습니다.
유학 가기 전에는 1~2년 정도 종교에 심취해서 관련 책을 깊이 읽기도 했어요. 요즘에는 소설이나 사회과학 책을 두루 읽는데요. 저는 주로 영감을 자극하고 일깨우는 책을 선호합니다. 그리고 음악도 즐겨 들어요.

Q. 04

화학자로서 언제 보람을 느끼시는지 궁금합니다.

화학은 분자를 다루는 학문이에요. 저도 화학자로서 새로운 분자를 연구하고 실험해서 만들고 있습니다. 특히 화학 반응이 안정적이고 쉽게 일어나도록 돕는 촉매를 개발하는 분야를 주로 다룹니다.
우리 연구실의 성과가 세계의 화학자·연구자에게 인정받고, 또 실생활에서 다양하게 쓰일 수 있는 미래를 상상하면서 큰 보람을 느낍니다.

Q. 05

요즘 지구 온난화 문제가 심각한데, 이 문제를 해결하기 위해 화학이 어떤 역할을 할 수 있을까요?

지구 온난화의 원인은 결국 이산화 탄소가 지구 대기를 덮으면서 생기는 현상이에요. 산업혁명 이후 우리는 탄소화합물을 에너지 자원으로 사용해서 문명을 발전시켜 왔어요. 이산화 탄소를 많이 배출할 수밖에 없는 방식이었습니다. 화학자들은 이산화 탄소를 적게 배출하거나, 이산화 탄소를 다른 분자로 변환시키는 방법을 활발히 연구하고 있습니다.

Q. 06

논리적이고 과학적인 사고력은 관련 지식을 배우면서 키우겠지만, 직관적인 사고력은 어떤 방법으로 키워야 할까요?

저는 직관적인 사고력이란 곧 통찰력이라고 생각해요. 통찰력을 단기간에 키울 수는 없습니다. 사물을 다르게 바라보고, 인문학적 소양을 갖추고, 현상의 본질을 깊이 들여다보는 연습을 하면서 조금씩 쌓아 가야 합니다. 자기만의 시각을 깊고 넓게 체계화할 때 직관력과 영감도 생겨난다고 생각합니다.

Q. 07

우리나라는 아직 과학 분야 노벨상 수상자가 나오지 않았습니다. 노벨상에 도전하려는 꿈을 가진 청소년들에게 한마디 조언해 주세요.

상을 받는다는 건 노력의 결과물일 뿐입니다. 상을 받는 게 목표가 되어서는 안 됩니다. 노벨상은 어떤 분야에서 큰 영향을 주고 흐름을 바꾼 연구 결과를 내온 사람에게 수여됩니다. 그러니까 저는 여러분이 인류 앞에 놓인 굵직한 문제를 해결해 보겠다는 도전 정신을 가졌으면 좋겠습니다. 더불어 좋은 연구 동료와 스승을 만나서 함께 성장해 가기를 바랍니다. 그런 활동이 쌓여 가면 여러분 가운데 노벨상 수상자가 나올 수 있다고 믿습니다. 응원하겠습니다.

FUN&LEARN
FUN&LEARN
FUN&LEARN

반도체 기술의 미래

- 정덕균 -

"미래에는 인공지능이 지금보다
더 다양하고 놀라운 기능을 선보일 것이다.
인공지능의 능력을 제대로 끌어내기 위해서는
반도체 기술이 먼저 발전해야 한다.
그 발전을 이끌어 갈 주인공이 바로 여러분이다."

PROFILE_정덕균

서울대학교 전기정보공학부 석좌교수이다. 서울대학교에서 학사와 석사 학위를, 미국 버클리 캘리포니아대학교에서 박사 학위를 받았다. 미국 댈러스 텍사스 인스트루먼츠 사에서 연구원을 거쳐 서울대학교에 임용되었다. 반도체 회로설계가 전공이며 고속디지털 신호전송회로를 주로 연구한다. 서울대학교 반도체공동연구소 소장 및 반도체공학회 회장을 역임했으며, 한국공학한림원 정회원, 국제전기전자공학회(IEEE) 석학회원으로 활동하고 있다. 서울대학교 반도체공동연구소 도연창조상(1998), 서울대학교 훌륭한 공대교수상(2000), 한국공학한림원 젊은공학인상(2007), 삼성호암상(2009)과 서울대학교에서 다수의 우수강의상을 수상했다. 2005년에는 국제고체회로학회(ISSCC) 학술대회에서 극동 지역 최우수논문상인 Sugano상을 수상하기도 했다. 미국 실리콘 밸리에서 실리콘 이미지(Silicon Image)사를 공동 창업하여 디지털 영상신호전송 표준인 HDMI를 개발하는 데 일조하였고, 120건의 미국 특허를 출원하였다.

반도체의 특징과 작용 원리

반도체 기술의 미래에 대해 여러분과 이야기를 나눌 수 있게 되어 무척 기쁩니다. 먼저 반도체란 무엇인지 간단히 알려 드리겠습니다. 이 세상 모든 물질은 전기가 통하는 물질(도체)과 전기가 통하지 않는 물질(부도체), 이렇게 두 가지로 나뉩니다. 그런데 도체와 부도체 두 가지 성질을 모두 가진 물질이 있어요. 바로 반도체입니다. 반도체의 영어 이름은 '세미컨덕터(Semiconductor)'예요. 여기에서 '세미'는 '2분의 1', '컨덕터'는 '전기가 통하는 물질'이라는 뜻이에요. 반도체의 대표적인 물질은 실리콘, 즉 규소(Si)입니다. 이외에도 저마늄, 갈륨비소 등이 반도체 물질입니다. 그러면 도체와 부도체를 반반씩 섞으면 반도체가 될까요? 예를 들어, 구리하고 플라스틱을 섞으면 반도체가 될까요? 그렇지는 않아요. 그 이유는 나중에 다시 설명하겠습니다.

대표적인 반도체, 실리콘은 지구상에서 세 번째로 흔한 물질입니다. 제일 흔한 물질은 지구의 중심부를 구성하는 철이고, 그다음이 지표면과 대기 중에 있는 산소이고, 그다음이 실리콘입니다. 다행히 실리콘은 풍부한 물질이기 때문에 반도체를 싼 비용으로 아주 많이 만들 수 있어요. 이게 만약에 금이라거나 지구상에 흔하지 않은 물질이었다면 오늘날처럼 반도체가 세상을 바꾸는 시대는 오지 않았을 거예요.

이제 반도체가 어떻게 활용되는지 알아볼까요? 먼저 반도체를 어떤 과정을 거쳐 칩으로 만들어 내는지 알려 드릴게요. 우리가 아주 흔하게 보는 모래는 대부분 이산화 규소(SiO_2), 우리말로는 규석 성분입니다. 여기에서 산소(O_2)를 환원해서 실리콘을 추출해 냅니다. 추출한 실리콘 가루 알갱이는 그 상태로는 반도체 성질을 띠지 않습니다. 추출한 실리콘 가루를 1400도 정도 온도에서 녹이면 액체가 되고, 여기에 실리콘 씨드(씨앗)를 가운데 꽂은 다음 빙글빙글 돌려서 잉곳(Ingot)을 만듭니다. 잉곳을 식혀서 세로 면으로 얇게 자르면 웨이퍼가 됩니다.

반도체 기본 제조 과정

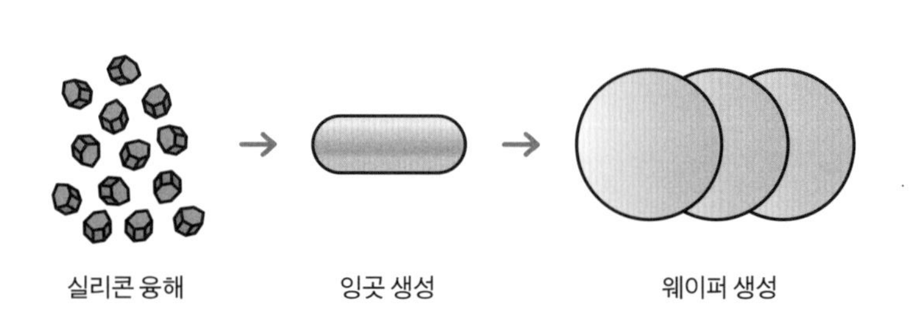

이 과정에서 잉곳 상태의 분자 구조는 규칙적인 격자 모양으로 배열됩니다. 그러니까 잉곳 상태부터 우리가 아는 반도체로서 특성이 나타나는 거죠. 반도체는 도체나 부도체와는 다른 특이한 성질을 나타냅니다. 이 원리를 이해하기 위해서 간단한 실험을 해봅시다.

파이프가 물 위에 반쯤 떠 있다고 가정해 보세요. 이때 파이프 한쪽을 약간 기울이면 파이프 안에서는 물방울이 높은 데서 낮은 데로 흐릅니다. 여기서 '기울인다'는 표현은 전압이 발생한다는 뜻과 같습니다. 이번에는 거의 물에 잠긴 파이프 안에 공기 방울이 들어 있다고 가정해 봅시다. 이 파이프 한쪽을 살짝 기울이면 공기 방울은 위쪽으로 움직이겠죠? 공기 방울이 위로 움직이는 이유는 공기 방울 속에 물이 들어 있지 않아서 가볍기 때문입니다. 물방울과 공기 방울은 서로 반대 방향으로 흘러갑니다.

반도체 성질을 이해하기 위한 파이프 실험

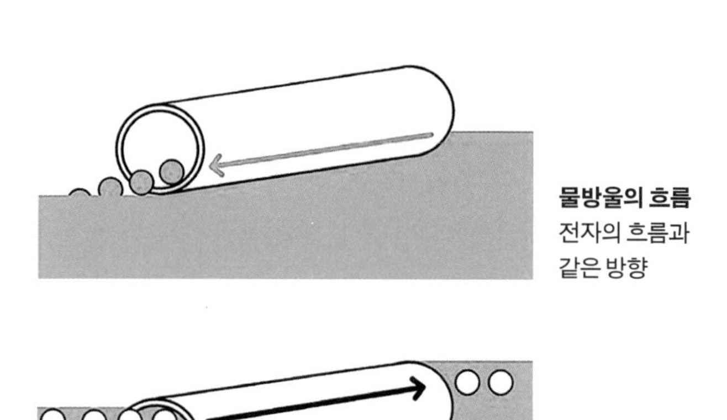

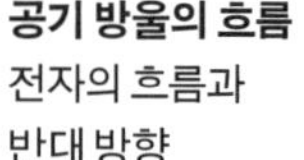

이 실험에서 보듯, 파이프(실리콘)를 기울이면(전압이 발생하면) 물방울(전자)이 위에서 아래로 내려가지만, 공기 방울(홀, 정공)은 밑에서 위로 올라갑니다. 홀은 전자와 반대 방향으로 움직이지만, 본질적으로는 전자가 움직이는 것과 똑같은 효과를 냅니다. 즉 전자는 음의 전하, 홀은 양의 전하를 가지고 전류를 같은 방향으로 흘려주는 역할을 합니다.

전기의 흐름을 제어하는 트랜지스터

이처럼 반도체는 일반 도체와는 다른 특성을 띱니다. 물방울의 흐름에 해당되는 전자와 공기 방울의 흐름에 해당되는 홀이 두 가지 전류를 흘려 주는 거죠. 그런데 순수한 실리콘은 일반적인 온도에서는 전기를 잘 전달하지 못해요. 어떻게 하면 상온에서 전기를 빠르게 전달할 수 있을까요?

과학자들은 실리콘에 일정한 물질을 섞어서 전기를 빨리 전달하는 P형 반도체와 N형 반도체를 만들었어요. P형 반도체는 실리콘에 붕소를 첨가한 반도체입니다. 붕소는 최외각 전자가 세 개이고 실리콘은 최외각 전자가 네 개입니다. 실리콘과 붕소가 결합하면서 전자 하나가 비어 있는 공간, 말하자면 공기 방울이 생겨난 거죠. 공기 방울은 전자가 없는 상태니까, P형 반도체는 양의 전하를 띱니다. N형 반도체는 실리콘에 인 또는 비소를 첨가한 반도체입니다. 인과 비소는 최외각 전자가 다섯 개입니다. 따라서 실리콘과 결합하면서 전자가 하나 남습니다. N형 반도체는 물방울이 하나 생겼으니 음의 전하를 띱니다. 이제 아주 작은 전기 자극에도 전자가 빠르게 이동하는 반도체 기술을 손에 넣었습니다.

상온에서도 전기를 빠르게 전달하는 P형 반도체와 N형 반도체를 만들었으니, 이걸 어떻게 이용할까요? 여기에서 바로 P형 반도체와 N형 반도체를 적절하게 배치해서 만든 트랜지스터가 등장합니다. 트랜지스터란 간단히 말해서 한쪽에서 나오는 전압으로 다른 쪽 터미널에 있는 전류를 조절하는 부품입니다. 한쪽에서 마이크에 대고 작게 말하면 스피커에서 큰 소리가 나오는 원리입니다. 이 트랜지스터는 거의 모든 전자기기에 기본 장치로 들어갑니다. 디지털 회로, 아날로그 회로 가리지 않고 쓰입니다.

트랜지스터의 동작 원리를 좀 더 자세히 들여다볼까요? 트랜지스터는 종류가 아주 많아요. 그중에서 가장 일반적으로 쓰이는 트랜지스터는 에프이티(FET, 전계 효과 트랜지스터)입니다. 에프이티 트랜지스터는 P형 반도체 기판 위에 게이트를 가운데 두고 N형 반도체가 양쪽에 위치하는 구조로 이루어집니다. 전기가 왼쪽에서 오른쪽으로 흐른다고 가정할 때, 왼쪽의 N형 반도체 부분은 전기를 내보내는 소스 터미널, 오른쪽의 N형 반도체 부분은 전기를 뽑아내는 드레인 터미널입니다.

가운데의 게이트는 소스에서 드레인으로 가는 전자의 흐름을 제어하는 역할을 합니다. 게이트는 전압이 높으면 잘 지나가게 하고 전압이 낮으면 지나가지 못하게 막는 역할을 합니다. 달리 말하면

트랜지스터 구조와 작동 원리

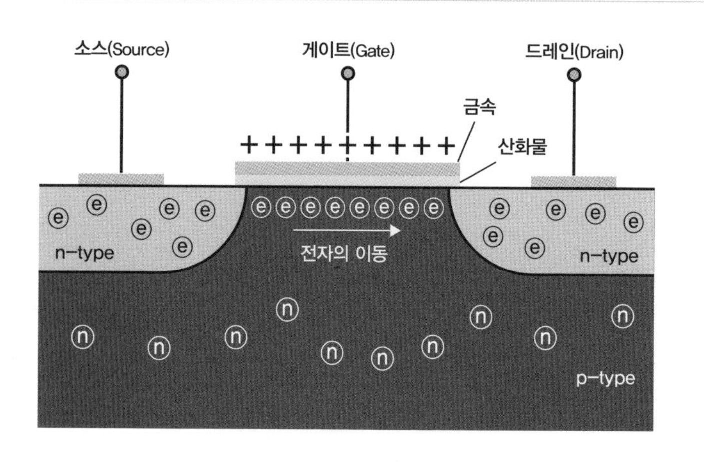

전압으로 왼쪽 터미널에서 오른쪽 터미널로 가는 전류를 조절하는 역할을 합니다. 예를 들어, 소스 부분 N형 반도체에 전기가 굉장히 많이 있고, 드레인 부분 N형 반도체에 전압이 낮게 걸린 상태여서 낮은 곳에 위치한다고 가정해 봅시다. 그러면 소스 부분 N형 반도체의 전기는 드레인 부분 N형 반도체 쪽으로 넘어가려고 움직입니다. 이때 게이트의 장벽을 넘어가야 하는데, 게이트에서 전압을 높여 주면 장벽이 낮아져서 전자들이 자유롭게 지나갑니다. 반대로 게이트에서 전압을 낮추면 장벽이 높아져서 전류가 드레인 쪽으로 흘러 들어가지 못합니다. 이렇게 게이트의 전압으로 전류를 조절하는 거죠.

트랜지스터가 빠르게 작동하려면 게이트의 폭을 최대한 좁게 만들어야 해요. 폭이 좁아야 전자가 지나갈 때 빨리 차단하거나 빨리 연결할 수 있으니까요. 그래서 반도체를 만드는 회사들은 게이트의 폭을 최대한 좁게 만드는 기술을 개발하기 위해 엄청난 노력을 기울입니다. 앞서 사례로 내보인 트랜지스터는 전자가 평면으로 지나가는 평면 모델입니다. 평면 트랜지스터는 구조상 게이트 폭이 14나노미터보다 좁게 만들지 못합니다. 그런데 2013년에 3D 구조로 만들어진 핀펫(FinFET) 트랜지스터가 등장합니다. 핀펫은 게이트가 3개 면에 위치하고, 폭이 3~14나노미터로 좁아졌어요. 게다가 2021년에는 게이트 올 어라운드(GAA) 트랜지스터가 만들어졌어요. 게이트 올 어라운드의 게이트는 4개 면에 위치하고, 폭은 3나노미터 이하입니다.

여러분, 나노미터는 크기가 얼마나 될까요? 우리가 눈으로 보는 색의 파장, 즉 가시광선의 파장은 400~800나노미터입니다. 그런데 최첨단 기술로 빛의 파장보다 작은 3나노미터 크기의 게이트 장치를 만들어 낸 거죠. 따라서 최신 트랜지스터는 절대로 눈으로 볼 수 없고, 광학현미경의 배율을 아무리 높여도 희미하게만 보여요. 빛의 파장보다 작으니까요. 전자현미경으로 들여다봐야 비로소 제대로 볼 수 있어요. 트랜지스터는 현대 과학 기술이 얼마나 놀라운 수준으로 발전했는지를 단적으로 보여 주는 장치입니다.

반도체 기술의 역사

이처럼 놀라운 첨단 기술은 하루아침에 이루어지지 않았어요. 트랜지스터는 어떤 과정을 거쳐 발전해 왔을까요?

트랜지스터 역사에서 존 바딘, 월터 하우저 브래튼, 윌리엄 쇼클리, 이 세 사람을 빼놓을 수 없습니다. 이들은 1947년에 실리콘이 아닌 저마늄을 이용해서 반도체 트랜지스터를 최초로 발명했습니다. 그 공로로 9년 후에 노벨물리학상을 수상했어요. 당시에 만든

최초의 트랜지스터

존 바딘, 월터 하우저 브래튼,
윌리엄 쇼클리(왼쪽부터 시계 방향)

트랜지스터는 좀 실망스럽게 생겼어요. 모양도 조잡하고 크기도 아주 컸어요. 이 트랜지스터 장치 하나만 가지고는 별 쓸모가 없어요. 트랜지스터 기능을 보여 주려면 여러 개를 연결해야 하는데, 이렇게 큰 부품으로는 너무 많은 공간을 차지할 게 뻔하죠.

반도체 위에 작은 트랜지스터를 여러 개 만들 수는 없을까요? 이걸 해결한 사람이 미국인 엔지니어 잭 킬비예요. 잭 킬비는 1958년에 반도체 기판에 트랜지스터, 전기 용량을 얻는 커패시터, 저항기 같은 소자를 모아서 작동시키는 집적 회로를 발명했어요. 이 공로로 잭 킬비는 엔지니어로서는 최초로 노벨물리학상을 수상했어요.

잭 킬비가 개발한 최초의 집적 회로

트랜지스터 역사에서 한국인의 이름도 빼놓을 수 없답니다. 바로 강대원 박사예요. 강대원 박사는 서울대학교 물리학과를 나와서 미국에서 박사 학위를 받았어요. 그리고 1959년에 벨연구소에서 모스펫(MOSFET)을 발명했습니다. 오늘날 거의 모든 트랜지스터는 모스펫 타입으로 만들어져 운용됩니다. 앞서 이야기한 트랜지스터 원리도 모스펫을 모델로 삼았습니다. 강대원 박사는 이뿐만 아니라 1967년에 플로팅 게이트 트랜지스터를 발명했습니다. 플로팅 게이트 트랜지스터는 우리가 일상적으로 사용하는 USB, 또는 솔리드 스테이트 디스크(SSD)에 쓰이는 플래시 메모리의 기본을 이루는 장치입니다. 지금까지 살아 계셨다면 분명히 우리나라 최초로 자연과학 분야에서 노벨상을 받으셨을 텐데 불행하게도 좀 일찍 돌아가셔서 매우 안타까운 마음입니다. 서울대학교 반도체 공동 연구소에는 고인의 업적을 기념하기 위해 흉상이 세워져 있습니다.

1971년에는 인텔에서 세계 최초로 중앙처리장치(CPU)를 만들어 냈어요. 이때 중앙처리장치에는 2만 3000개의 트랜지스터가 들어가 있었습니다. 그런데 2022년에 인텔에서 나온 '랩터 레이크'라는 중앙처리장치 코어에는 가로 25밀리미터, 세로 10밀리미터쯤 되는 면적에 30억 개의 트랜지스터가 들어가 있습니다. 최초의 중앙처리장치에 들어간 칩은 외부와 연결된 핀이 16개 정도였는데, 랩터 레이크의 핀 수는 수천 개입니다.

정보 기억 장치(메모리 반도체)인 디램(DRAM)도 인텔이 1970년에 최초로 상품으로 내놓았습니다. 최초의 디램은 1024비트, 그러니까 기억 용량이 1000개 비트 정도밖에 안 되었어요. 이에 비해 2022년에 SK하이닉스에서 개발한 디램은 16기가비트, 기억 용량이 160억 비트에 이르렀습니다. 메모리 반도체 기술도 정말이지 놀랍게 발전했습니다.

이 밖에도 반도체 기술은 하루가 다르게 발전했어요. 컴퓨터·스마트폰·자동차·텔레비전 등 모든 전자기기에는 기본적으로 트랜지스터가 들어 있어요. 트랜지스터가 없었다면 오늘날과 같은 기술 문명을 이루지 못했을 거예요. 반도체 기술 발전과 관련해서 재미있는 법칙이 하나 있습니다. 바로 '무어의 법칙'이에요. 고든 무어는 인텔 공동 창업자였고, 회장으로도 일했어요. 고든 무어는 1965년에 발표한 논문에서, '앞으로는 2년마다 칩 안에 들어가는 트랜지스터 수가 두 배로 증가할 것이다'라고 예측했어요. 놀랍게도 지난 60여 년 동안 무어의 예측이 정확히 맞아떨어졌어요. 트랜지스터 수는 2년마다 평균 두 배씩 증가했고, 그에 따라 성능도 두 배씩 발전했어요. 말 그대로 '무어의 법칙'이 돼 버린 거죠.

이처럼 반도체 기술 발전 속도는 정말 어마어마합니다. 항공 공학 분야에서 일하는 분들에게 미안하지만, 항공 기술과 좀 비교해 볼게요. 1940년대 비행기는 날개가 위아래 쌍으로 달린 복엽기였어요. 이 복엽기로 서울에서 미국 로스앤젤레스까지 가려면 한 번에 갈 수 없었어요. 엔진 성능도 떨어졌고, 기름 저장 탱크도 작고, 속도도 느려서 10번 이상 정류장(공항)을 거쳐야 했죠. 탑승 인원도 고작 서너 명이었고요. 그 뒤로 항공 기술도 빠르게 발전했어요. 제트 엔진이 발명되고, 항법 기술도 자동화되고, 수백 명을 태울 수 있는 거대 비행기도 만들었어요. 그런데 요즘에 서울에서 로스앤젤레스를 가려면 비행깃값이 얼마나 들죠? 100~200만 원이 훌쩍 넘어가요. 비행 시간도 12시간이 넘고요. 만약 항공 공학이 반도체 기술의 속도로 발전했다면 비행깃값이 500원쯤 되고, 비행 시간이 5초 정도 걸릴 거예요.

반도체 기술 역사에서 우리나라가 남긴 발자취도 크고 뚜렷해요. 현재 우리나라가 수출로 벌어들이는 수입의 20퍼센트 정도가 반도체입니다. 그야말로 반도체를 팔아서 먹고사는 나라라고 얘기할 수 있어요. 우리나라는 1991년에 자체 상표로 반도체를 생산하기 시작했어요. 미국이나 일본에 비교해서 기술도 자본도 시기도 한참 뒤

우리나라의 연도별 반도체 수출 추이

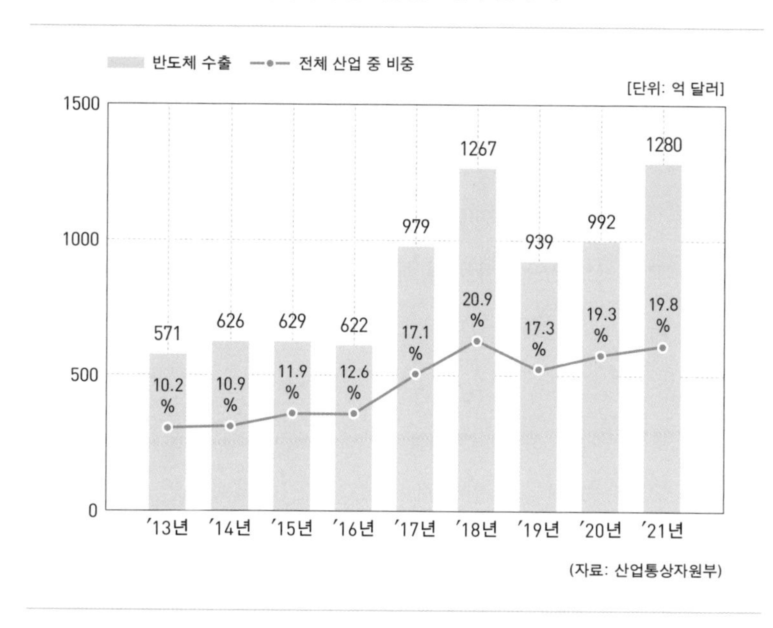

처진 상태였습니다. 하지만 우리나라는 반도체에 열광하고 기술 개발에 온 힘을 기울였어요.

왜 이처럼 국가적 차원에서 반도체에 집중했을까요? 반도체는 모래에서 출발해서 마지막 최첨단 전자기기의 부품으로 만들어질 때 부가가치가 비약적으로 상승해요. 모래는 1킬로그램에 30~40원입니다. 그런데 이게 실리콘이 되어 핵심 칩에 트랜지스터로 들어가면 1킬로그램에 4억 원 정도가 됩니다. 자원이 없어서 기술력으로 승부를 보아야 하는 우리나라로서는 더없이 좋은 산업 분야였습니다. 결국 뛰어난 기술과 가격 경쟁력을 갖춘 우리나라는 세계 반도체 시장을 주도하고 있습니다.

회로 설계도 그리기

반도체가 어떻게 최종 칩으로 만들어지는지 좀 더 구체적으로 알아볼까요? 실리콘 가루 알갱이로 만든 잉곳을 단면으로 얇게 자른 웨이퍼로 트랜지스터를 만들려면 기능에 맞는 회로 설계도가 필요합니다. 회로 설계도는 반도체 제조사로부터 의뢰를 받아 회로 설계 전문 회사에서 만들어집니다.

회로 설계는 건축 사무소에서 빌딩을 설계하는 방식과 비슷해요. 빌딩을 설계하려면 먼저 큰 틀을 잡고 차츰 세세한 부분을 마무리합니다. 즉 몇 층 건물을 만들지, 건물 용도는 아파트인지 사무실인지, 각 층 구조를 어떻게 만들지 등을 먼저 결정하고, 그다음에 층마다 공간을 어떻게 나눌지, 벽체와 마루는 어떤 재료를 쓸지, 창문을 얼마나 크게 만들지 등을 나중에 설계하는 거죠. 회로 설계도를 그릴 때도 마찬가지예요. 처음에 칩의 기능을 설정하고, 거기에 맞는 논리 회로를 설계합니다.

반도체 칩 제조 과정

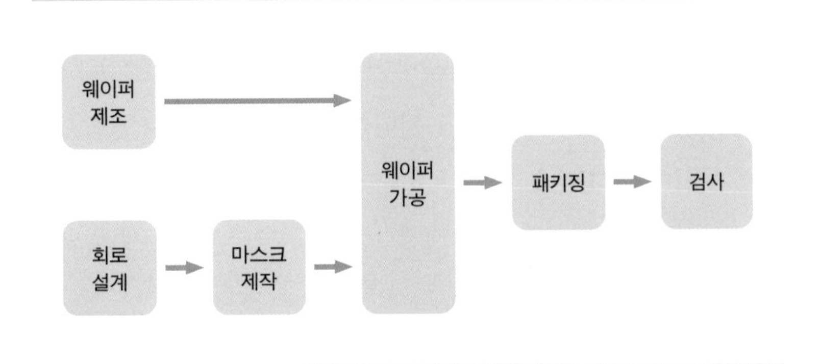

인버터를 예로 들어 볼까요? 디지털 신호는 0과 1로 표현되는데요. 인버터는 1이 들어가면 0이 나오고, 0이 들어가면 1이 나오는 디지털 회로 소자입니다. 아래 사진은 이걸 추상화된 논리 기호로 설계한 그림입니다.

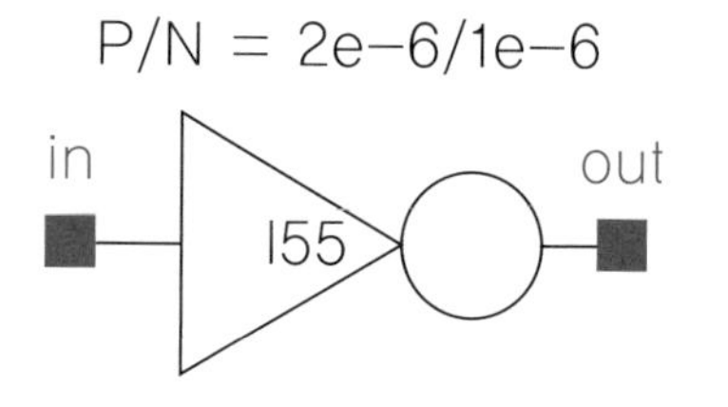

인버터 논리 기호

이런 추상적인 논리 기호는 개념만 정의할 뿐이고, 실제로 칩을 만들 수는 없습니다. 따라서 그다음 단계에서 트랜지스터 회로로 바꿔 줍니다. 뒤쪽의 회로 설계도는 우리가 앞서 이야기했던 모스펫 방식의 인버터 회로를 만드는 설계도입니다. 설계도의 아래쪽이 N형 모스펫 트랜지스터고 위쪽이 P형 모스펫 트랜지스터예요. N형 모스펫은 전자 위주로 동작하고, P형 모스펫은 정공 위주로 동작해요. 두 트랜지스터는 각각 게이트와 드레인 쪽에 서로 연결됩니다. 그다음에 N형 모스펫은 접지에 연결하고, P형 모스펫은 공급 전원에 연결합니다. 이때 공급 전원은 보통 0.8~1.2볼트 정도의 낮은 전압을 사용합니다. 게이트에 높은 전압을 연결하면 드레인에 낮은 전압이 나오고, 낮은 전압을 연결하면 높은 전압이 나오는 인버터

장치가 되는 거죠.

물론 이러한 회로에는 인버터뿐만 아니라, 두 개 이상의 입력값이 모두 1일 때 출력값이 1이 되는 앤드(AND) 게이트, 두 개 이상의 입력값 중에 하나만 1이어도 출력값이 1이 되는 오어(OR) 게이트, 1비트의 정보를 보관·유지해 주는 플립플롭 같은 여러 가지 기능 소자들도 논리 기호로 설계되고, 트랜지스터 회로로 변환해서 함께 칩 안으로 들어갑니다.

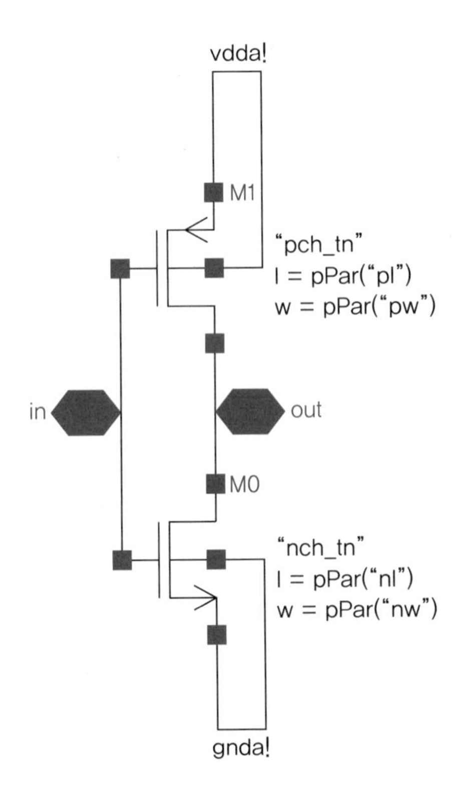

인버터 트랜지스터
회로 설계도

패턴 레이아웃과 웨이퍼 가공

이렇게 트랜지스터 회로 설계를 완성하면, 이제 마스크를 만드는 단계입니다. 마스크는 웨이퍼를 가공할 때 각 층마다 어떤 패턴을 넣어야 하는지 알려 주는 평면도입니다. 회로 설계도는 보통 50여 장의 마스크에 나뉘어 패턴으로 그려집니다. 이 작업을 '레이아웃'이라고 합니다.

그런데 이 과정에서 눈여겨볼 부분은 P형 모스펫이 N형 모스펫보다 세 배 정도 크게 레이아웃 된다는 점이에요. 왜냐하면 앞에서 이야기했던 파이프 속 물방울과 공기 방울 실험에 비유하자면, 물방울이 공기 방울보다 이동 속도가 더 빠르기 때문이에요. P형 모스펫은 전류 이동이 느리기 때문에 더 크게 만들어서 N형 모스펫과 균형을 맞추는 거죠.

마스크가 완성되면 이걸 웨이퍼에 대고 패턴에 따라 차례로 원하는 기능을 새겨 넣습니다. 웨이퍼를 가공할 때는 25장을 한 묶음으로 놓고서 한꺼번에 처리해 주는 거죠. 웨이퍼 가공 과정은 인텔이나 삼성도 잘하지만, 대만 기업 TSMC가 전문화되어 있어요. 이처럼 반도체 산업에서 한 분야를 전문으로 위탁생산하는 업체를 '파운드리'라고 합니다. 그러니까 TSMC는 웨이퍼 가공 분야 파운드리입니다. 웨이퍼 가공이 끝나면 사실상 칩이 완성된 셈입니다.

가공된 웨이퍼는 테스트 과정을 거칩니다. 웨이퍼를 가공하다 보면 웨이퍼 위에 있는 모든 칩들이 100퍼센트 다 동작하지 않습니다. 먼지가 들어가거나 흠집이 난 칩을 골라내고 정상적인 칩만 완성된 제품으로 만듭니다.

반도체를 만드는 모든 과정은 매우 청결해야 합니다. 아주 조그마한 먼지도 없어야 해요. 보통 '클래스-100' 조건, 그러니까 축구공만 한 공간에 세균만 한 크기(지름 0.5마이크로미터)의 먼지가 100개보다 적은 청정도를 가져야 합니다. 그래서 반도체 제작 공정에 사람이 들어가는 것도 제한됩니다. 청정 조건에서 보자면, 사람은 움직이는 먼지덩어리거든요. 만약에 기계를 고쳐야 한다거나 하는 이유로 들어가야 할 경우에는 방진복을 입고 공기 샤워를 한 다음에 들어갈 수 있습니다.

인공지능과 반도체

최근에 반도체는 인공지능과 연계되어 다시 한번 관심이 집중되고 있어요. 인공지능이 제대로 구현되려면 성능이 뛰어난 하드웨어가 필요합니다. 기존 컴퓨터의 기능 정도라면 지금까지 개발된 반도체 칩으로 얼마든지 작동할 수 있어요. 하지만 인공지능을 우리 두뇌와 비슷한 성능으로 만들기 위해서는 훨씬 뛰어난 반도체가 필요해졌어요.

사람의 뇌에는 1000억 개의 뉴런이 층을 이루고 있어요. 하나의 뉴런은 많은 돌기를 뻗어서 서로 시냅스를 통하여 다른 뉴런과 연결됩니다. 한 뉴런에서 나온 신호는 시냅스를 통해 다음 단계의 뉴런으로 전달되는데, 평균 1000~1만 개 정도의 시냅스를 통해서 신호를 전달합니다. 게다가 전달 과정에서 어떤 시냅스는 아주 강하게 연결되고 어떤 시냅스는 굉장히 약하게 연결됩니다.

뉴런의 시냅스 작동 원리를 컴퓨터로 시뮬레이션해 볼까요? 하나의 뉴런과 뉴런이 연결된 시냅스에 따라 각 신호의 강도를 곱하고, 다음 단계의 뉴런에서 신호를 다 모아서 출력하는 회로가 설계되었습니다. 문제는 뉴런의 시냅스가 서로 연결된 경우의 수가 거의 무한대에 가깝다는 점이에요. 뉴런이 1000억 개이고, 한 뉴런에서 다음 뉴런으로 연결되는 시냅스가 1000~1만 개이고, 여기에 신호 강도에 따른 값까지 계산하려면 엄청나게 빠르고 정확하고 거대한 연산 기계가 필요합니다.

뉴런 시냅스 시뮬레이션

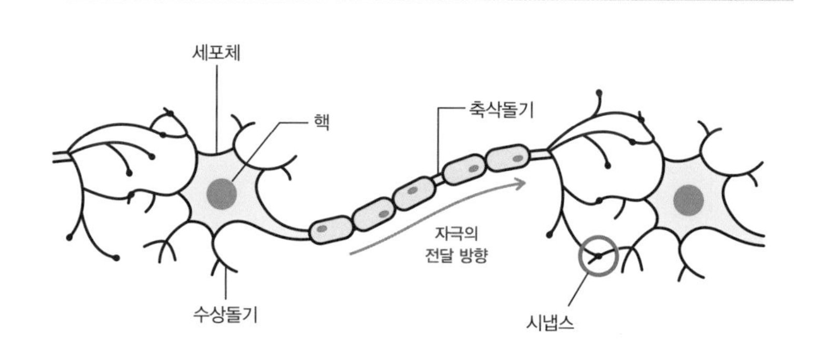

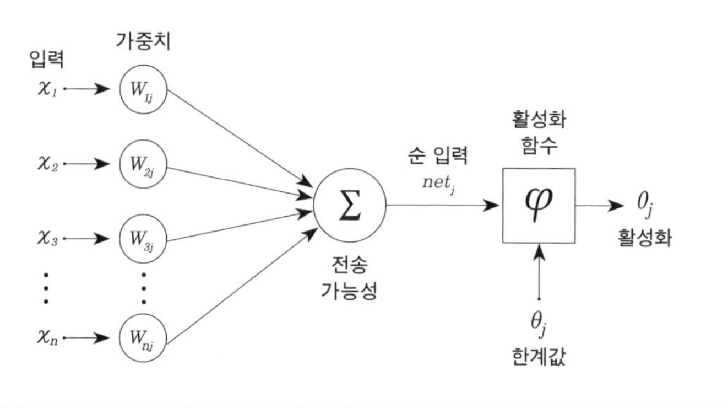

인공지능은 신경세포 네트워크의 작동 원리를 본뜬 컴퓨터라고 했죠? 인공지능이 제대로 작동하려면, 무엇보다 뉴런처럼 단계를 거칠 때마다 기하급수적으로 증가하는 거대한 매트릭스(행렬) 연산을 엄청나게 빠르고 정확하게 처리할 수 있어야 합니다. 기존 컴퓨터로는 도저히 감당할 수 없는 연산 영역이에요. 이 때문에 인공지능 아이디어는 아주 오래전에 나왔는데도 제대로 실현되지 못했습니다.

그런데 미국의 '엔비디아'라는 회사가 2000년대 들어 놀라운 반도체 칩을 만들었어요. 엔비디아는 원래 컴퓨터 게임에 필요한 그래픽카드를 설계하는 반도체 회사였습니다. 컴퓨터 게임용 그래픽카드는 매트릭스 곱셈 연산 기능이 매우 중요했고, 엔비디아에서 만든 반도체 칩은 매트릭스 곱셈 기능이 탁월했어요. 그런데 이 그래픽 처리 장치(GPU)의 매트릭스 연산 기능은 인공지능이 필요로 하는 기술이었어요. 그래서 이걸 인공지능용 반도체 칩으로 바꾸어서 연산 가속기로 사용했습니다.

인공지능은 이전까지는 사람들의 상상 속이나 SF 영화에 나오는 비현실적인 이야기로 인식되었습니다. 그러나 매트릭스 연산 가속기 반도체를 장착하면서 오늘날 가장 주목받는 컴퓨터 기술로 떠올랐습니다. 인공지능 하면 가장 상징적인 사건이 하나 있어요. 지난 2016년에 인공지능이 세상에 화려하게 등장하는 이벤트가 열렸어요. 이세돌과 알파고가 바둑 경기를 했는데, 그전까지는 컴퓨터가 아무리 발전해도 무한대에 가까운 바둑의 경우의 수를 따라잡지 못한다고 생각했어요. 그런데 인공지능 알파고가 이세돌을 이겼죠. 이 사건은 인공지능의 능력에 대한 사람들의 인식을 완전히 바꾸어 놓았어요.

그런데 공학적 효율성을 기준으로 따져 보면 실제로는 이세돌이 이겼다고 주장하는 사람들도 많아요. 왜냐하면, 전력 사용량을 기준으로 보자면, 이세돌이 소모한 전력은 20와트 정도밖에 안 돼요. 그런데 알파고는 250킬로와트 정도의 전력을 소모했거든요. 그런데도 대등하게 실력을 겨뤘으니까 에너지 효율 면에서는 이세돌이 이긴 셈이라는 거죠.

어쨌거나 인공지능은 앞으로 더 다양하고 놀라운 기능을 선보일게 틀림없습니다. 여러분이 잘 아는 증강 현실 게임에서는 이미 많이 활용되고 있고요. 자율 주행 자동차나 공장 자동화도 당연히 더 가속화될 거예요. 그리고 자연스러운 언어 인식과 대화 기능도 빠르게 개선되어 가고 있어요. 만약 인공지능이 우리가 말하는 은유적인 표현이나 뉘앙스를 모두 알아듣고 응답할 수 있다면 놀라운 일이 생겨날 거예요. 인간이 필요로 하는 복잡하고 역설적인 정보까지 인공지능으로부터 얻을 수 있고, 또 서로 다른 언어를 가진 세계인과 막힘없이 대화할 수 있을 테니까요. 이 밖에도 인공지능은 상상하지 못한 무한한 가능성을 현실에서 이뤄 줄 거예요. 인공지능의 능력을 제대로 끌어내기 위해서는 반도체 기술이 먼저 발전해야 합니다. 저는 여러분이 그 발전을 이끌어 갈 주인공이라고 생각합니다.

Q. 01

트랜지스터가 전류를 조정하는 역할을 한다고 했는데요. 전압을 변화시키는 변압기로 트랜지스터를 사용할 수도 있을까요?

트랜지스터의 입력 전압을 바꿔서 출력 전류를 조정해 주면 앰플리파이어(증폭기), 흔히 이야기하는 앰프로 쓸 수 있습니다. 그러니까 트랜지스터로 전압을 변화시켜서 작은 신호를 큰 신호로 내보내는 기능이 가능합니다.
변압기(트랜스포머)란 전기 에너지를 전달하는 장치를 말해요. 트랜지스터를 변압기로 사용하면 전압은 높일 수 있지만 전류는 줄어듭니다. 그래서 입력 전력과 출력 전력이 똑같기 때문에 증폭기로는 사용할 수 없어요.

Q. 02

메모리 반도체 시스템과 비메모리 반도체 시스템이란 무엇인가요?

메모리 반도체는 메모리 셀들이 2차원으로 규칙적으로 배열되어 있어요. 이런 메모리 반도체는 공정 과정과 기술의 신뢰성이 아주 중요하고, 우리나라가 뛰어난 경쟁력을 갖추고 있습니다. 그래서 삼성, SK하이닉스, 미국의 마이크론 세 회사가 과점하고 있습니다. 하지만 크게 보자면 메모리 분야는 전체 반도체 시장에서 4분의 1 정도를 차지합니다. 4분의 3을 차지하는 비메모리 반도체 시장에서는 우리나라가 점유율이 높지 못해요.
비메모리 반도체란 메모리가 아닌 부분을 말합니다. 예를 들어, 시스템 IC나, 인텔의 CPU, 엔비디아의 GPU, 전력용 반도체 등이 비메모리 반도체입니다. 이런 분야의 기술이 발달하려면 전체 시스템에 대한 지식이나 소프트웨어 같은 넓은 범주의 연계 지식이 필요합니다. 앞으로 우리나라도 이 분야에 대한 도전이 꼭 필요하다고 생각합니다.

Q. 03

반도체가 현재 스마트폰이나 컴퓨터 등 전자 쪽에서 많이 사용되고 있는데, 앞으로는 어떤 분야에서 사용될지 궁금합니다.

차세대 최첨단 반도체 분야에서는 인공지능과 어떻게 연계될지가 관건이라고 생각해요. 인공지능은 엄청나게 많은 계산량을 빠르게 처리해야 합니다. 따라서 새로운 차원의 설계 기술과 생산 기술이 필요한데 그중에 핵심이 메모리 기술입니다. 우리나라가 메모리 분야를 굉장히 잘하고 있기 때문에, 이 메모리 기술을 바탕으로 인공지능 시장으로 진출하면 성공 가능성이 높다고 봐요. 그렇게 희망하고 있습니다.

Q. 04

게이트 올 어라운드 이후의 차세대 트랜지스터는 어떤 모습을 띠게 될까요?

트랜지스터의 발전 단계에서 게이트 올 어라운드는 현재 가장 뛰어난 기술입니다. 그다음 단계가 어떻게 될지 아는 사람은 아무도 없습니다. 단순히 아이디어만 가지고 해결될 문제가 아니라 기술력이 따라 줘야 하기 때문이에요. 예를 들어, 게이트 크기를 더 작게 만드는 기술 분야를 따져 볼까요?
앞서 이야기했듯이, 게이트 올 어라운드 트랜지스터의 게이트 크기는 3나노미터예요. 이보다 작은 2나노미터, 1나노미터 크기의 게이트를 만든다고 가정해 봅시다. 거의 원자 4~5개를 모아 놓은 크기의 트랜지스터가 탄생하는 거예요. 이때는 기존 물리학이 아니라 양자역학 같은 전혀 다른 차원의 기술이 연계되어야 해요. 이 정도 수준의 트랜지스터가 어떤 기술과 결합해서 어떤 결과물을 내올지 자신 있게 대답할 사람은 현재로서는 없어요. 그래서 저도 이 질문에 대해서는 이렇다 할 답변을 할 수가 없습니다. 다만 그만큼 가능성 있는 분야이고, 앞으로 여러분이 이 분야에서 일하면서 함께 미래를 그려 갈 수 있기를 바랍니다.

Q. 05

만약 반도체로 인공 뉴런을 만든다면 현재 슈퍼컴퓨터와 비교해서 기능 면에서 어느 정도 차이가 날지 궁금합니다.

슈퍼컴퓨터는 인공지능을 위해서 만든 기계가 아닙니다. 이에 비해 인공지능 반도체는 인공지능 계산만을 위해서 장치를 구성했어요. 그러니까 각각 활용되는 분야가 다른 거죠. 굳이 시뮬레이션해 보자면 슈퍼컴퓨터 반도체가 인공지능 전용으로 만든 반도체보다 빠르지 않으며, 효율성이 떨어질 거예요.

Q. 06

반도체 공학자가 되고 싶은데, 그러자면 지금 무엇을 준비해야 할까요?

반도체 공학은 굉장히 여러 분야로 나눌 수 있어요. 화학, 재료, 물리학, 심지어 컴퓨터 사이언스, 그리고 제가 몸담고 있는 회로 설계 분야 등이 다 포함됩니다. 물론 반도체 공학자가 이 모든 분야를 다 아우르면 좋겠지만, 그 정도 능력을 지닌 사람은 별로 없어요. 따라서 자기 적성이 어느 분야에 맞는지 먼저 파악하는 게 중요해요. 물리학이건 수학이건 화학이건 자기 적성에 맞춰서 공부하면 반도체 공학의 어떤 분야와 만날 거예요. 그러니 우선은 자기가 흥미를 느끼는 분야를 열심히 공부해 보세요.

문과 계열의 학문을 공부한다고 해도 마찬가지입니다. 이과건 문과건 가리지 않아요. 자연과학, 사회과학, 인문과학, 또는 예술을 하더라도 반도체 기술은 반드시 어느 정도 이해하고 있어야 합니다. 왜냐하면 반도체 기술은 우리 실생활에 아주 밀접하게 연관되어 있기 때문입니다. 최근에 인공지능은 그림을 그리거나 음악을 작곡하거나 소설을 쓰기도 합니다. 이게 모두 반도체 기술을 바탕으로 나온 결과물입니다. 앞으로는 또 어떤 기술이 우리를 놀라게 할지 모릅니다. 따라서 꼭 반도체 공학을 공부하지 않더라도 반도체 기술에 대해서는 좀 깊게 이해해야 자기 직업과 생활에 잘 활용할 수 있지 않을까요?

Q. 07

현재 우리나라 메모리 반도체 산업 기술이 다른 나라보다 빠른 데 비해 디스플레이 산업은 늦다고 하는데 이유가 뭘까요?

디스플레이 산업은 계속 변하고 있습니다. 초창기에는 진공관 형태의 브라운관이 발명되었고, 그다음에 엘시디(LCD), 엘이디(LED), 올레드(OLED) 디스플레이가 등장해요. 최근에는 반도체 나노 결정을 디스플레이에 적용한 퀀툼닷(QD) 같은 차세대 기술이 나오고 있고요. 사실 엘시디, 올레드 같은 새로운 디스플레이 기술은 일본에서 주도했어요. 그런데 일본은 연구 개발에 머물렀고 대량 생산에는 실패했어요. 이 기술을 우리나라가 가져와서 상품화하는 데 성공했습니다.

그중에 엘시디는 한동안 우리나라가 세계 시장을 휩쓸었어요. 그런데 엘시디는 기술적 난이도가 그리 높지 않아서 가격 경쟁력이나 시장의 규모 등에서 중국의 추격을 받았고, 지금은 역전된 상태입니다.

올레드 기술은 우리나라가 아직도 1등을 유지하고 있습니다. 올레드는 좀 어려운 기술로, 예를 들어 우리가 쓰는 스마트폰의 디스플레이는 대부분 삼성에서 만든 올레드 기술로 만들어졌습니다. 그런데 이 기술도 중국이 거의 따라오고 있어요.

그다음에 퀀툼닷 같은 차세대 디스플레이는 삼성이나 엘지 같은 기업에서 집중적으로 연구하고 있어요. 첨단 디스플레이 연구에서는 아직 우리나라가 중국과 격차를 두고 앞선 상태라고 봅니다. 전체적으로 보자면, 우리나라는 디스플레이 산업에서 비교적 국제 경쟁력을 갖추고 있다고 생각합니다.

[사진 및 자료 출처]
연합뉴스, 한국핵융합에너지연구원, 게티이미지코리아, 셔터스톡,
위키미디어, 픽사베이, 플리커, 클립아트코리아

FUN & LEARN 02
미래를 준비하는 10대에게

1판 1쇄 인쇄 | 2023. 7. 3.
1판 1쇄 발행 | 2023. 7. 7.

강봉균 김범준 김도연 박남규 박형주 양정무 유석재 장석복 정덕균 글

발행처 김영사 | **발행인** 고세규
편집 문자영 이은지 | **디자인** 홍윤정 | **마케팅** 서영호 | **홍보** 조은우 박다솔
등록번호 제 406-2003-036호 | **등록일자** 1979. 5. 17.
주소 경기도 파주시 문발로 197(우10881)
전화 마케팅부 031-955-3100 | 편집부 031-955-3113~20 | 팩스 031-955-3111

값은 표지에 있습니다.
ISBN 978-89-349-4081-4 43000

좋은 독자가 좋은 책을 만듭니다. 김영사는 독자 여러분의 의견에 항상 귀 기울이고 있습니다.
전자우편 book@gimmyoung.com | 홈페이지 www.gimmyoungjr.com